《全国职工素质建设工程五年规划（2015—2019年）》学习读本

本书编写组◎编

中国工人出版社

目录 Contents

第一章

全国职工素质建设工程“永远在路上”

当前，我国正处在全面建成小康社会、加快推进社会主义现代化建设、为实现中华民族伟大复兴的中国梦而奋斗的关键阶段。面对经济全球化的激烈竞争，面对知识经济浪潮和新型工业化对职工素质提出的新要求，习近平总书记在同中华全国总工会新一届领导班子成员集体谈话时强调：“我国工人运动的时代主题，是为实现中华民族伟大复兴的中国梦而奋斗。工会要牢牢抓住这个主题，把推动科学发展、实现稳中求进作为发挥作用的主战场，把做好新形势下职工群众工作、调动职工群众积极性和创造性作为中心任务，把巩固党执政的阶级基础和群众基础作为政治责任，竭诚为职工群众服务，切实维护职工群众权益，不断焕发工会组织的生机活力。”

在这样的背景下，作为社会先进生产力和生产关系代表的中国工人阶级，如何加快知识化进程，进一步提高整体素质，为推动经济社会科学发展提供强有力的人才支撑体系，已经成为摆在工会面前的一个十分重大而紧迫的课题。

全面实施全国职工素质建设工程，就是要紧紧围绕全面建成小康社会、全面深化改革、全面依法治国、全面从严治党的“四个全面”战略布局，充分发挥工会“大学校”作用，以培育和践行社会主义核心价值观为主线，以培养职工职业精神和提高职工技术技能素质为重点，加快培养高素质劳动者，为实现“两个一百年”的奋斗目标、实现中华民族伟大复兴的中国梦提供坚实的人才保障；就是要发挥工会组织优势，按照国家和企业发展需要，依托社会各种教育资源，对职工不断进行全员、全面、全过程的再教育和再建设的社会活动；就是要通过岗位培训、脱岗学习、全员劳动竞赛等多种形式的教育培训活动和文化建设载体，形成与岗位教育、自我教育、终身教育相结合的职工素质培训机制，全面提高职工队伍的综合素质水平，使广大职工得到与企业和谐共荣的全面、充分发展。

第一节
改革转型时期的全国职工素质建设工程

一、我国经济社会发展的需要

当代世界正发生着深刻而复杂的变化，经济全球化趋势加速发展，现代科学技术突飞猛进，产业结构调整步伐加快，国际竞争日趋激烈，世界已进入了以知识经济为基础，高新技术产业为主导的综合国力竞争时期。全球竞争突出表现在综合国力的竞争及科技、教育、人才的竞争。这当中，国民素质是综合国力的重要方面，而在国家经济建设和综合国力竞争中发挥主力军作用的中国工人阶级队伍素质的提高，又是提高整体国民素质的关键所在。

21 世纪的头 20 年是我国的重要战略机遇期，集中力量，全面建成惠及十几亿人口的更高水平的小康社会，这是全党、全国人民在新世纪、新阶段的历史任务，也是新世纪、新阶段中国工人运动的主题。努力培养造就包括广大职工在内的高素质人才，无疑是实现中华民族伟大复兴的重要保证。

人才是我国经济社会发展的第一资源，党和国家历来高度重视人才工作。人才主要是指具有一定的专业知识或专门技能，进行创造性劳动，并对社会作出贡献的人，是人力资源中能力和素质较高的劳动者。

2010 年 7 月颁布实施的《国家中长期人才发展规划纲要（2010—2020 年)》(以下简称《纲要》）中明确指出：人才强国战略已成为我国经济社会发展的一项基本战略。未来十几年，是我国人才事业发展的重要战略机遇期。我们必须进一步增强责任感、使命感和危机感，积极应对日趋激烈的国际人才竞争，主动适应我国经济社会发展需要，坚定不移地走人才强国之路，科学规划，深化改革，重点突破，整体推进，不断开创人才辈出、人尽其才的新局面。《纲要》确立了到 2020 年，我国人才发展的总体目标：培养和造就规模宏大、结构优化、布局合理、素质优良的人才队伍，确立国家人才竞争比较优势，进入世界人才强国行列，为在 21 世纪中叶基本实现社会主义现代化奠定人才基础。

《纲要》是我国改革发展进入关键阶段人才工作的行动纲领，为努力造就数以亿计的高素质劳动者，培养数以千万计的专门人才和一大批拔尖创新人才，充分发挥各类人才的积极性、主动性和创造性，开创人才辈出、人尽其才的新局面指明了前进的方向；为大力提升国家核心竞争力和综合国力，全面建成小康社会和实现中华民族伟大复兴提供了重要保证，也是全国职工素质建设工程指导思想和规划实施目标的重要依据。

2014 年 5 月，国务院颁布实施《关于加快发展现代职业教育的决定》。其中明确指出：近年来，我国职业教育事业快速发展，体系建设稳步推进，培养培训了大批中高级技能型人才，为提高劳动者素质、推动经济社会发展和促进就业作出了重要贡献。同时也要看到，当前职业教育还不能完全适应经济社会发展的需要，结构不尽合理，质量有待提高，办学条件薄弱，体制机制不畅。加快发展现代职业教育，是党中央、国务院作出的重大战略部署，对于深入实施创新驱动发展战略，创造更大人才红利，加快转方式、调结构、促升级具有十分重要的意义。

2014 年 6 月，习近平总书记在全国职业教育工作会议上指出，要树立正确人才观，培育和践行社会主义核心价值观，着力提高人才培养质量，弘扬劳动光荣、技能宝贵、创造伟大的时代风尚，营造人人皆可成才、人人尽展其才的良好环境，努力培养数以亿计的高素质劳动者和技术技能人才。

二、工会工作创新发展的需要

改革开放 30 多年来，我国工会在党的坚强领导下，坚持以中国特色社会主义理论体系为指导，认真贯彻落实党中央关于工人阶级和工会的一系列重要指示精神，坚持解放思想、实事求是、与时俱进，努力找准定位、全面履行职责，组织引导广大职工全力以赴投身社会主义现代化建设，积极协调劳动关系，维护职工合法权益，在促进经济发展和社会进步中作出了重要贡献。工会组织作为党联系职工群众的桥梁和纽带作用更加突出，作为国家政权重要社会支柱作用更加充分，作为职工利益代表者、维护者作用更加显著。

党的十八大以来，各级工会和广大工会干部贯彻落实党的十八大和十八届三中、四中、五中全会精神，深入学习贯彻习近平总书记系列重要讲话精神，特别是关于工人阶级和工会工作的重要论述，自觉在思想上政治上行动上同以习近平同志为总书记的党中央保持高度一致，积极推进新形势下党的职工群众工作，在坚持和拓展中国特色社会主义工会发展道路上迈出了新步伐。中华全国总工会在2010年发布了《全国职工素质建设工程五年规划（2010—2014年）》，这是实施职工素质建设工程的第一个阶段性规划和实施方案。2015年，为顺应时代发展的新形势，为实现“两个一百年”奋斗目标、实现中华民族伟大复兴的中国梦提供坚实的人才保障，全总又提出了《全国职工素质建设工程五年规划（2015—2019年）》。牢牢把握我国工人运动时代主题，聚焦工会工作主战场，深化社会主义劳动竞赛，实施职工素质建设工程，引导广大职工立足本职、创新创造，积极投身全面建成小康社会、全面深化改革、全面依法治国、全面从严治党的实践，在服务党和国家工作大局上创造了新业绩。广泛开展“中国梦·劳动美”教育实践活动，在职工群众中培育和践行社会主义核心价值观，大力弘扬劳模精神、劳动精神和工人阶级伟大品格，在引导职工群众增强中国特色社会主义道路自信、理论自信、制度自信上取得了新进展。

2015年4月，中共中央政治局委员、全国人大常委会副委员长、中华全国总工会主席李建国在纪念中华全国总工会成立90周年大会上强调：各工会组织要积极为职工提高思想道德素质和科学文化素质创造条件，引导职工树立终身学习理念，不断学习新知识、掌握新技术、增长新本领，努力培养造就一支宏大的知识型、技术型、创新型高素质职工队伍，使我国工人阶级始终站在时代前列、始终是先进生产力的代表。

提高职工队伍整体素质，加快培养和造就一支宏大的高素质职工队伍，是工会推动加快经济发展方式转变、加快提高自主创新能力的重要切入点，也是不断发展工人阶级先进性、使工人阶级始终成为推动历史前进伟大力量的必然要求。全总历次执委会，都对实施职工素质建设工程，加强企业文化和职工文化建设，全方位提高广大职工的思想道德、科学文化、技术技能素质，努力造就知识型、技术型、创新型职工队伍作出部署、提出要求。

当前，在坚持和发展中国特色社会主义新的伟大实践中，以习近平同志为总书记的党中央提出并形成了全面建成小康社会、全面深化改革、全面依法治国、全面从严治党的战略布局，确立了新形势下党和国家各项工作的战略目标和战略举措，为实现“两个一百年”奋斗目标、实现中华民族伟大复兴的中国梦提供了理论指导和行动指南。协调推进“四个全面”战略布局，必须紧紧依靠工人阶级，充分调动亿万职工劳动、创造的积极性，这就对职工群众工作赋予了新的使命、提出了新的要求。

面对新形势新机遇新挑战，党对工会工作寄予殷切希望，职工群众对工会充满期待。各级工会要认真贯彻落实党的十八大和十八届三中、四中、五中全会精神，深入学习贯彻习近平总书记系列重要讲话精神，特别是关于工人阶级和工会工作的重要论述，牢牢把握我国工人运动的时代主题，坚定不移走中国特色社会主义工会发展道路，把自觉接受党的领导、团结服务职工群众、依法依章程开展工作统一起来，紧紧围绕“四个全面”战略布局，组织职工、引导职工、服务职工、维护职工合法权益，团结动员亿万职工积极投身中国特色社会主义伟大事业。

三、职工队伍素质建设的需要

改革开放以来，在党和政府的高度重视下，我国职工队伍的思想道德素质、科学文化素质和技术技能水平普遍提高，竞争能力、创新能力和创业能力显著增强，职工队伍的整体素质有很大提升。但是，从总体上看，职工队伍现状与我国经济社会面临的严峻挑战和实现全面建成小康社会的奋斗目标对职工队伍整体素质的要求，还有一定差距。

1. 提高职工队伍知识化程度的需要

近年来，随着我国职业教育和继续教育事业的蓬勃发展以及社会各界对职工职业技能培训的重视，广大职工特别是一线职工的知识化进程和总体技术技能水平得到了很大提高。据有关资料统计，2014 年，全国 1854 万人次参加职业技能鉴定，1554 万人次取得相应的职业资格证书，分别比上年小幅增长 0.84% 和 1.15%。其中高技能人才 374.1 万人，比上年增长 15.88%。

随着我国城镇化水平的提高，农村劳动力向城镇大量转移，大批农民进城务工，农民工队伍已经成为劳动密集型产业工人队伍的主体。

据国家统计局公布的 2015 年国民经济和社会发展统计公报数据显示，2015 年，全国农民工总量 27747 万人，比上年增长 1.3%。其中，外出农民工 16884 万人，增长 0.4%；本地农民工 10863 万人，增长 2.7%。

而另据国家统计局发布的《2014 年全国农民工监测调查报告》显示，2014 年全国农民工总量为 27395 万人，比上年增加 501 万人，增长 1.9%。其中，外出农民工 16821 万人，比上年增加 211 万人，增长 1.3%；本地农民工 10574 万人，增加 290 万人，增长 2.8%。报告显示，年轻农民工比重逐年下降。分年龄段看，农民工以青壮年为主，16—20 岁占 3.5%，21—30 岁占 30.2%，31—40 岁占 22.8%，41—50 岁占 26.4%，50 岁以上的农民工占 17.1%。调查资料显示，40 岁以下农民工所占比重继续下降，由 2010 年的 65.9% 下降到 2014 年的 56.5%，农民工平均年龄也由 35.5 岁上升到 38.3 岁。

新生代农民工基本上是一离开中学校门就开始外出务工。与传统农民工相比，尽管新生代农民工的文化和职业教育水平已有较大提高，接受过职业培训的人员比例相对提高，但是，仍以初中及以下文化程度为主，职业技能水平有待进一步提高。根据《2014 年全国农民工监测调查报告》显示：接受过技能培训的农民工占 34.8%，比上年提高 2.1 个百分点。其中，接受非农业职业技能培训的占 32%，比上年提高 1.1 个百分点；接受过农业技能培训的占 9.5%，比上年提高 0.2 个百分点；农业和非农业职业技能培训都参加过的占 6.8%，比上年提高 0.4 个百分点。分性别看，男性农民工接受过农业和非农业职业技能培训的占 36.4%，女性农民工的这一比例为 31.4%。

报告同时显示：高中及以上农民工占 23.8%，比上年提高 1 个百分点。其中，外出农民工中高中及以上的占 26%，比上年提高 1.6 个百分点，本地农民工高中及以上的占 21.4%，比上年提高 0.3 个百分点。

可以说，当前在新生代农民工中，具有高中及以上文化程度的只有三成左右。同时，城市劳动力市场中需求量最大的是受过专门职业教育、具有一定专业技能的中专、职高和技校水平的劳动力，这部分需求量占总需求量的近六成，而在新生代农民工中这部分人只有二成左右。因此，新生代农民工的教育程度和职业技能水平仍滞后于城市劳动力市场的需求和企业需求。

以上情况说明，由于进城务工劳动者大部分较少接受过正规的文化与技术培训，使职工队伍的整体知识化程度，包括技术知识和文化知识在内的整体素质偏低，难以掌握运用科学技术，不能很好地适应国家产业发展需要。由于农民工队伍的文化技术素质水平对我国职工队伍整体素质的提升起着至关重要的作用。因此，对农民工特别是新生代农民工群体进行的以提升知识化程度为主要内容的技术技能教育培训，越来越受到党和政府以及社会各界的广泛关注。

2. 提升职工队伍思想道德素质，树立正确的人生观、价值观的需要

近年来，企业和工会组织利用多元化教育手段，在职工中开展了多种形式的主题教育活动，使职工队伍在思想道德素质、文化技术素质、精神文化需求状况等方面总体上呈现出健康向上、积极进取的态势，大多数职工具有正确的世界观、人生观、价值观，有强烈的主人翁责任感和民族自豪感；社会公德、职业道德、家庭美德等优良传统和自尊、自信、自强精神得到进一步发扬光大；自主、竞争、效率、创新、民主法制等意识不断增强，职工队伍的思想观念和道德素质总体是好的。

但同时应看到，中国正处在改革的攻坚阶段和发展的关键时期，要完成向社会主义市场经济体制的转变，原有利益格局被打破，经济成分和经济利益、社会生活方式、社会组织方式、就业岗位和就业方式、分配方式日益呈现多样化趋势。社会的深刻变革给职工思想观念带来了深刻变化，社会思想意识日益活跃，呈现出多元、多变、多样的趋势。多种思想观念、道德观念相互碰撞，呈现出复杂交错的局面，在个别职工身上出现了理想信念淡化，拜金主义、享乐主义滋长，注重物质利益，忽视精神陶冶，注重索取，忽视奉献，爱岗敬业精神弱化、集体主义思想淡漠等现象，极端个人主义导致个别职工做出了有悖道德，甚至违法犯罪的事情。职工队伍思想状况发生的新变化、新特点，必须引起各级工会的高度重视。

3. 加大高技能人才培养总量的需要

高技能人才是我国人才队伍的重要骨干和技能人才中的核心群体，是推动技术创新和科技成果转化的重要力量。

经过多年的努力，我国高技能人才培养取得了突破性进展，人才队伍规模不断扩大，结构得到优化。但总体来看，目前我国劳动力整体素质偏低，职工的整体知识结构不够合理，既能动脑又能动手的高技能人才极度缺乏，自主创新能力相对薄弱，高新技术及高级经营管理人才、具备高素质的高技能人才还远不能满足国家经济和企业发展的需要。可以说，我国职工队伍素质建设正面临着新的挑战。

高技能人才的缺乏，不仅会造成生产工艺难达设计要求，影响产品质量，使“中国制造”难上档次，也会严重影响我国制造业及许多新兴服务业的发展，甚至制约了先进工艺设备、先进技术在生产中的运用，正如一些企业碰到的情况：“买得起最先进的设备，却请不到人来操作。”这反映出一个严峻现实：高级技术工人数量不足，高技能人才缺乏，直接影响了企业核心竞争能力的提高。劳动力的整体素质水平偏低，已经成为影响我国经济发展和国际竞争力提升的一个瓶颈，是影响我国产业结构调整和经济又好又快发展的重要因素。

在此大背景下，在《全国职工素质建设工程五年规划（2010—2014年）》之后，《全国职工素质建设工程五年规划（2015—2019年）》的推出，具有很强的针对性和时效性，给职工队伍整体素质的提高带来了新的机遇。

问答题

1. 当前，我国工人运动的时代主题是什么？

2. 什么是“四个全面”战略布局？

3. 到2020年，我国人才发展的总体目标是什么？

第二节
实施全国职工素质建设工程的重大意义

全国职工素质建设工程的全面实施，对实施我国经济社会又好又快地发展具有重大的战略意义和现实意义。

一、全面建成小康社会、实现“中国梦”的重要保证

必须正视的是，高素质技术人才匮乏，已经成为制约我国经济发展方式转变、实现经济结构战略性调整的一个瓶颈。调查显示，我国技术工人供需缺口在 2200 万人到 3300 万人之间，高技能人才仅占技能劳动者的 25.2%。

“面对日趋激烈的国际竞争，一个国家发展能否抢占先机、赢得主动，越来越取决于国民素质特别是广大劳动者素质。”习近平总书记在 2015 年庆祝“五一”国际劳动节暨表彰全国劳动模范和先进工作者大会上的讲话，传递出党中央的明确态度：培养宏大的高素质劳动者大军，是一项事关国家发展的战略任务。

正如习近平总书记指出的那样，我们所处的时代是催人奋进的伟大时代，我们进行的事业是前无古人的伟大事业，我们正在从事的中国特色社会主义事业是全体人民的共同事业。全面建成小康社会，进而建成富强民主文明和谐的社会主义现代化国家，根本上靠劳动、靠劳动者创造。因此，无论时代条件如何变化，我们始终都要崇尚劳动、尊重劳动者，始终重视发挥工人阶级和广大劳动群众的主力军作用。

为实现中华民族伟大复兴的中国梦而奋斗是我国工人运动的时代主

题，实现中国梦根本上要靠包括工人阶级在内的全体人民的劳动、创造、奉献，必须坚持崇尚劳动、造福劳动者，大力弘扬劳模精神、劳动精神。工会要在坚持党的群众路线、密切联系职工群众方面作表率；时代在发展，事业在创新，工会工作也要发展、也要创新，要加强工人阶级和工会工作理论政策的学习研究。

需要深刻认识的是，党确定的一个特定历史时期的奋斗目标、中心任务以及为实现这一目标任务所制定的路线纲领、大政方针、战略部署和重大决策，是决定民族命运、国家前途的大局。工会只有把自身的工作与党领导的伟大事业紧密联系在一起，在大局下思考、在大局下行动，自觉服从大局、坚决维护大局，找准工作的结合点和着力点，团结动员职工群众为完成党的中心任务贡献力量，才能代表职工群众，充分发挥作用，成为推动历史前进的积极力量。

显然，实施全国职工素质建设工程对于提升职工素质、壮大工会作用、助力全面建成小康社会、实现“中国梦”具有重要作用。

二、实施人才强国战略的内在要求

在制约国家发展的自然资源、物质资源和人力资源这三大战略资源中，我国前两项资源相对不足，在人力资源方面却具有潜在的比较优势。然而从我国劳动力目前的数量和知识结构看，我国是世界上人口最多、劳动力资源丰富的国家，但不是人力资源强国。所以，只有加快职工队伍整体素质建设，从根本上实现从人力资源大国向人才资源强国的转变，才能为构建和谐社会、全面建成小康社会提供强有力的人才保障。

党和政府高度重视人才工作，把人才强国战略放在了突出位置，明确提出了实施人才强国战略的基本任务——建设规模宏大、结构合理、素质较高的人才队伍，把我国由人口大国转化为人才资源强国。全国职工素质建设工程的全面实施，正是人人皆可成才、人才存在于人民群众之中的人才观的具体实践，是实施科教兴国战略、人才强国战略和可持续发展战略，提高自主创新能力，建设人力资源强国的必然选择和内在要求，对实现我国人才强国战略目标，促进我国经济又好又快发展，具有重要的战略意义和深远的历史意义。

习近平总书记在2015年庆祝“五一”国际劳动节暨表彰全国劳动模范和先进工作者大会上强调，我们要始终高度重视提高劳动者素质，培养宏大的高素质劳动者大军。劳动者素质对一个国家、一个民族发展至关重要。劳动者的知识和才能积累越多，创造能力就越大。提高包括广大劳动者在内的全民族文明素质，是民族发展的长远大计。面对日趋激烈的国际竞争，一个国家发展能否抢占先机、赢得主动，越来越取决于国民素质特别是广大劳动者素质。要实施职工素质建设工程，推动建设宏大的知识型、技术型、创新型劳动者大军，我们一定要深入实施科教兴国战略、人才强国战略、创新驱动发展战略，把提高职工队伍整体素质作为一项战略任务抓紧抓好，帮助职工学习新知识、掌握新技能、增长新本领，拓展广大职工和劳动者成长成才空间，引导广大职工和劳动者树立终身学习理念，不断提高思想道德素质和科学文化素质。

三、弘扬工人阶级伟大品格和时代精神、保持和发展其先进性的重大举措

新中国成立60多年来，特别是改革开放30多年来，我国工人阶级队伍不断壮大，素质不断提高，利益不断实现，先进性不断增强。我国经济社会发展的伟大实践和辉煌成就，充分显示了我国工人阶级和广大劳动群众的聪明才智和创造活力，彰显着工人阶级的时代精神，铸就了信念坚定、立场鲜明，艰苦奋斗、勇于奉献，胸怀大局、纪律严明，开拓创新、

自强不息的工人阶级伟大品格和爱岗敬业、争创一流，艰苦奋斗、勇于创新，淡泊名利、甘于奉献的劳模精神，见证了我国工人阶级不愧是觉悟最高、纪律性最强的党的阶级基础，是推动先进生产力发展和社会全面进步的根本力量，是维护社会安定团结的中流砥柱。

当前，我国正处在经济社会发展的重要战略机遇期。深入贯彻落实科学发展观，加快经济发展方式转变，推进全面建成小康社会进程，中国工人阶级责任重大、使命崇高。我们要引导广大职工自觉践行社会主义核心价值观，积极投身于素质建设工程，大力弘扬中国工人阶级伟大品格，继承和发扬优良传统，充分调动广大职工的主动性、积极性和创造性，不断提高职工队伍的思想道德水平、科学文化水平和专业技能水平，全面提升职工队伍整体素质，确保工人阶级在社会经济全面发展的历史进程中，更加充分发挥主力军作用，始终站在时代的前列，进一步保持和发展其先进性，用工人阶级的先进思想和模范行为影响、带动社会进步，用时代精神和崇高品格引领和推动历史的文明进程，为构建社会主义和谐社会作出更大的贡献。

四、充分发挥工会“大学校”作用的有效途径

充分发挥工会作为职工群众“大学校”的作用，提高职工队伍整体素质，是切实履行工会职能，从根本上维护职工受教育权益和加快工人阶级队伍知识化进程的迫切需要，是保持和发展工人阶级先进性的必然要求，是提高企业和职工生存、竞争能力的需要。

全面实施全国职工素质建设工程，有助于工会组织充分发挥工会“大学校”的引导教育功能，更好地履行其教育职责。通过实施全国职工素质建设工程，有助于工会根据现实社会发展的需要和职工自身全面发展的要求，引导广大职工学习新知识，钻研新技能，努力成为学习型、知识型、技能型、创新型职工。

全面实施全国职工素质建设工程，有助于工会更好地维护广大职工终身学习的长远利益。职工的合法权益包括接受教育、不断更新知识的权利。授之以鱼不如授之以渔，通过实施职工素质建设工程，职工终身学习和接受教育的权利得到维护，自身素质不断提高，适应企业发展要求的生存能力、竞争能力和创新能力不断增强，这是从源头上、根本上维护职工合法权益。

近年来，为应对纷繁复杂的国内外形势，应对“三期叠加”的经济发展形势，各级工会加大了就业服务和技能培训工作力度。据国家统计局发布数据显示，2015 年，全国城镇就业人员共 4.04 亿人，其中农民工总量为 2.77 亿人，比上年增长 1.3%。2015 年，就业创业政策体系不断充实完善，国务院印发《关于进一步做好新形势下就业创业工作的意见》（国发〔2015〕23 号），国务院办公厅印发《关于支持农民工等人员返乡创业的意见》（国办发〔2015〕47 号）。2016 年 3 月，教育部、中华全国总工会印发《农民工学历与能力提升行动计划——“求学圆梦行动”实施方案的通知》。

相关数据显示，截至 2014 年，高中及以上学历农民工占 23.8%，大专及以上学历农民工仅占 7.3%，接受过技能培训的农民工占 34.8%。可见，尽管农民工学历层次和接受技能培训的比例逐年提升，但总体比例仍然相对较低，与全面建成小康社会的总体要求和农民工融入城市的需求存在较大差距。

五、增强企业核心竞争力的重要内容

人是生产要素中最活跃、最积极的因素，企业职工整体素质的高低，很大程度上决定了产品的品质，抓住了人也就抓住了企业发展的根本。大量的实证分析显示，随着社会化大生产的发展，资本和劳动量的增加，只能说是产出增长的一部分甚至是很少的元素，剩下的很大一部分则归因于其他因素——知识和人力资本。

著名经济学家舒尔茨认为：人力资本是现代经济增长的主要动力和决定性因素；对人的投资不仅能使人力资本自身形成递增的收益，而且使劳动和资本等要素的投入也能产生递增的规模效益。因此，要创造企业的价值，首先应使人的价值形成企业最重要的资产，而人的价值来自于不断的自我表现发展，这一发展又必须依赖于劳动者素质的不断提高，最大限度地开发人的潜能，使人力资本增值。

任何成功的企业，总是在企业人才开发管理上有一套适应企业发展、推动企业发展的独特措施。其中，加强对职工的培训和技能人才的培养，是企业重新配置资源优先考虑的问题。通过培训可以提高职工的创新能力、提高团队的合作能力，可以有效地促进科技成果转化为生产力，从而促进企业整体竞争力的提升，使企业能够可持续发展。一个企业经济效益能够持续快速发展，与其职工的素质有极其重要的关系。现代企业只有将科技和人、人和经济有机结合起来，把职工的整体素质看成是企业的最大财富，实现“职工与企业的共同发展”，才能极大地提升企业价值，增强企业实力。这是企业增强自身核心竞争力的必由之路。

职工素质建设正是通过企业内部教育培训机制，通过对职工进行良好的教育，提高职工的整体素质，包括：专业技术素质、道德素质、职业能力素质、心理素质、科学文化素质，以及对企业管理制度的认知、对企业的忠诚度等，从而为企业源源不断地提供适合的人才。

总之，全面实施全国职工素质建设工程，培养和造就强大的高素质职工队伍，是巩固党的阶级基础，扩大党的群众基础，保持和发展工人阶级先进性的关键所在。它有利于进一步弘扬劳动光荣、知识崇高、人才宝贵、创造伟大的时代新风，推动形成尊重劳动、尊重知识、尊重人才、尊重创造的良好社会氛围；有利于进一步调动职工的积极性、主动性和创造性，让一切创造社会财富的源泉充分涌流，让每个职工的创造力和价值得到充分体现。因此，全面实施职工素质建设工程，对于我国增强经济发展后劲和国际竞争力，进而实现现代化建设宏伟目标，具有重要的现实意义和战略意义。

问答题

1. 为什么说实现“中国梦”离不开工人阶级？
2. 什么是劳模精神？

第三节
全国职工素质建设工程如何“再出发”

小康大业，人才为本。全面实施职工素质建设工程五年规划，是工会贯彻落实党中央提出的实施人才强国战略的重大措施。党中央、国务院颁布实施的《国家中长期人才发展规划纲要（2010—2020年）》提出的当前和今后一个时期我国人才发展的战略目标、指导方针和重大举措，为各级工会组织在广大职工中落实人才强国战略，开创人才辈出、人尽其才新局面，全面提升职工队伍整体素质提供了重要方向。在《全国职工素质建设工程五年规划（2010—2014年）》的基础上，明确全国职工素质建设工程的指导思想、总体目标和主要任务，将对理解、把握和推进《全国职工素质建设工程五年规划（2015—2019年）》的实施和“再出发”，具有重要的指导作用。

一、指导思想

全国职工素质建设工程的指导思想是：以邓小平理论、“三个代表”重要思想、科学发展观为指导，深入贯彻习近平总书记系列重要讲话精神，紧紧围绕全面建成小康社会、全面深化改革、全面依法治国、全面从严治党战略布局，充分发挥工会“大学校”作用，以培育和践行社会主义核心价值观为主线，以培养职工职业精神和提高职工技术技能素质为重点，深入实施全国职工素质建设工程，加快培养高素质劳动者，为实现“两个一百年”奋斗目标、实现中华民族伟大复兴的中国梦提供坚实的人才保障。

1. 以“四个全面”为出发点和落脚点

全国职工素质建设工程，要紧紧围绕全面建成小康社会、全面深化改革、全面依法治国、全面从严治党战略布局，充分发挥工会“大学校”作用，开展职工素质建设工作。

李建国同志在纪念中华全国总工会成立90周年大会上指出，面对新形势新机遇新挑战，党对工会工作寄予殷切希望，职工群众对工会充满期待。各级工会要认真贯彻落实党的十八大和十八届三中、四中全会精神，深入学习贯彻习近平总书记系列重要讲话精神，特别是关于工人阶级和工会工作的重要论述，牢牢把握我国工人运动时代主题，坚定不移走中国特色社会主义工会发展道路，把自觉接受党的领导、团结服务职工群众、依法依章程开展工作统一起来，紧紧围绕“四个全面”战略布局，组织职工、引导职工、服务职工、维护职工合法权益，团结动员亿万职工积极投身中国特色社会主义伟大事业。

他同时指出，各级工会组织要最广泛地把广大职工组织起来、动员起来、团结起来；要旗帜鲜明地维护职工群众合法权益；要积极构建中国特色和谐劳动关系；要着力做好农民工的组织和服务工作；要努力提高工会工作法治化水平；要以改革创新精神加强自身建设。

2. 以培育和践行社会主义核心价值观为主线

在开展全国职工素质建设工程过程中，要通过社会主义核心价值观建设，带动以职工思想道德素质、科学文化素质和技术技能素质为重点的建设。职工思想道德素质、科学文化素质和技术技能素质的提高，将加快推进职工队伍知识化进程，增强职工队伍的自主创新能力。

职工素质建设从理念的确立、规划的制定、载体的设计、任务的实施等各个方面，要始终坚持以社会主义核心价值体系为主线，贯穿于职工素质建设的全过程。要坚持不懈地用马克思主义中国化最新成果武装职工，用中国特色社会主义共同理想凝聚职工，用以爱国主义为核心的民族精神和以改革创新为核心的时代精神鼓舞职工，用社会主义荣辱观引领职工，不断巩固广大职工团结奋斗的共同思想基础。

3. 培育职业精神和职工技能有机结合的工匠精神

李克强总理在政府工作报告中提到，要“鼓励企业开展个性化定制、柔性化生产，培育精益求精的工匠精神，增品种、提品质、创品牌”。工匠精神首次出现在政府工作报告中，让人耳目一新，更让我们看到了国家的态度，看到了重振“工匠精神”的信心。其实，工匠精神就是职工职业精神和职业技能素质的有机融合。

工匠精神是追求极致的精神，其核心内涵在于工匠不仅仅把工作当作赚钱、养家糊口的工具，而是树立起对职业敬畏、对工作执着、对产品负责的态度，极度注重细节，不断追求完美和极致。工匠们将一丝不苟、精益求精的职业精神融入每一个环节，做出打动人心的一流产品，给客户提供无可挑剔的体验。

培育职工的工匠精神，是全国职工素质建设工程的应有之义。要培育出一批具有工匠精神的高技能人才来，各级工会责无旁贷、责任重大。各级工会要将培育工匠精神融入职工思想教育、技能提升、维权服务等各个方面，为涌现出更多的“大国工匠”创建有利的条件。

二、总体目标

到 2019 年，建立起资源集成、形式多样、贴近职工、务实有效的职工素质建设工程模式，培育形成一批职工素质建设工程品牌项目，建设起覆盖全体职工的内容丰富、高效便捷的信息化职工学习培训服务平台。通过实施职工素质建设工程，职工队伍团结奋斗的共同思想基础更加巩固，职业精神更加牢固，职业技能显著提升，文明素养明显进步。

三、主要任务

面对经济全球化加速发展、市场竞争日趋激烈的新形势，加强职工素质建设，促进职工全面发展，大力提高职工队伍素质，不仅是关系劳动者和企业自身的生存和发展问题，更是摆在我们国家发展面前的一项极为重要而紧迫的战略任务。

《全国职工素质建设工程五年规划（2015—2019 年）》（以下简称五年规划）的主要任务是：围绕加强职工思想道德、科学文化、技术技能、民主法治和健康安全卫生五个方面素质建设，通过全面实施全国职工素质建设工程，使职工队伍理想信念更加坚定，职业道德建设更加深入，科学知识更加普及，技术人才结构更加合理，职工教育培训机制更加完善，职工文化和企业文化更加繁荣。五年规划除了鲜明地提出了五个方面素质建设任务，还明确规定了具体落实指标，以及实现上述目标任务的各项保障措施，要求各级工会加强组织领导、建立经费保障机制、抓好职工教育培训阵地建设、完善考核激励机制等，保障其有效推进。

具体任务是：

1. 加强职工队伍思想道德素质建设，培育和践行社会主义核心价值观

不断深化“中国梦·劳动美”教育实践活动，引导广大职工增强道路自信、理论自信、制度自信和价值观自信，强化敬业奉献精神，激发劳动创造力量。教育实践活动要覆盖全体职工。深入推进职业道德、社会公德、家庭美德和个人品德建设。全总每两年表彰一批职工职业道德建设标兵单位和标兵个人。

2. 加强科学文化素质建设，加快职工队伍知识化进程

通过各类科学文化知识的教育、传播与普及，引导职工树立科学理念，提升科学文化素养。各级工会每年帮助 50 万名职工提升学历水平。加强职工教育培训阵地建设，全总每年命名 200 个全国职工教育培训优秀示范点，给予重点扶持。全国职工素质建设工程领导小组每年命名一批职工读书活动先进单位和先进个人。全总每年继续在各地建 1000 个职工书屋示范点，带动各地工会每年新建 10000 个职工书屋，吸引职工积极参与各种读书活动。大力繁荣先进职工文化，着力培育一批职工文化业余骨干队伍，建设一批职工文化示范阵地，确定一批职工文化艺术创作培训基地，推出一批职工文化艺术活动品牌，打造一批职工文化艺术精品，树立一批职工文化建设工作先进典型。

3. 加强职工队伍技术技能素质建设，培养技能型创新型人才

不断扩大各类技术技能竞赛、岗位练兵、技能培训覆盖面，每年帮助 100 万名职工提升技术等级。全总每 3 年命名一批全国示范性劳模创新工作室，授予“全国示范性劳模创新工作室”称号。设立职工创新专项资金，用于支持劳模创新工作室开展技术创新攻关和职工技能素质提升活动。

4. 加强职工队伍民主法治素质建设，引导广大职工尊法学法守法用法

推进党的十八届四中全会精神和法治宣传教育下基层、进企业、入班组，各类普法宣传教育做到全覆盖。加强职代会、厂务公开、集体合同等民主管理和集体协商知识的普及与培训，增强职工民主参与、民主管理和民主监督意识，提高依法理性表达诉求的能力。

5. 加强职工队伍健康安全卫生素质建设，促进实现职工安全生产和体面劳动

大力倡导健康安全卫生理念，着力普及健康安全知识，坚持不懈地开展全员安全生产和职业病防治专业知识普及工作，推动职业教育院校和各类职业培训机构把安全生产纳入教育培训内容，各类群众性职业安全卫生教育和“安康杯”竞赛活动覆盖率达到 85% 以上。动员组织广大职工积极参加全民健身活动，进一步提升职工健康生活指数。

问答题

1. 当前，全国职工素质建设工程的指导思想是什么？
2. 全国职工素质建设工程的总体目标是什么？
3. 全国职工素质建设工程的主要任务是什么？

第二章

全国职工素质建设工程如何"精准发力"

《全国职工素质建设工程五年规划（2015—2019 年）》主要有五个方面的内容：思想道德素质建设、科学文化素质建设、技术技能素质建设、民主法治素质建设、健康安全卫生素质建设。

第一节

思想道德素质建设，呼唤"工匠精神"

"树以根为本，人以德为贵。"在人的素质结构中，思想道德素质是人最基本和最关键的要素，因此，思想道德素质建设是职工素质建设的基础性工程。

《全国职工素质建设工程五年规划（2015—2019 年）》（下文简称《规划》）指出：加强职工队伍思想道德素质建设，培育和践行社会主义核心价值观。不断深化"中国梦 · 劳动美"教育实践活动，引导广大职工增强道路自信、理论自信、制度自信和价值观自信，强化敬业奉献精神，激发劳动创造力量。教育实践活动要覆盖全体职工，深入推进职业道德、社会公德、家庭美德和个人品德建设。

一、思想道德的基本概念及涵义

1. 思想道德的基本概念

思想道德是指人们在社会生产和社会生活中逐渐形成的比较稳定的思想观念、价值取向、道德修养和行为习惯。思想道德具有一定的稳定性，一旦形成，就会对人们的社会生产和生活产生重要的影响。

2. 思想道德的涵义

思想道德包含两方面的内容，即思想和道德。

思想是客观存在反映在人的意识中经过思维活动而产生的结果，如人们对世界、社会和事物的看法和认识等。

社会存在决定人们的思想。符合客观事实和规律的思想都是正确的思想，它对客观事物的发展起促进作用；反之，则是错误的思想，它对客观事物的发展起阻碍作用。思想是人的行为和发展的方向和指南。

思想决定行动，有什么样的思想，就有什么样的行动。思想行为特征是一个人综合素质的反映。加强思想素质建设，是职工统一思想、提高认识、做好本职工作、促进个人发展、求得长足进步的前提条件。没有正确的思想作为导向，人们的行为就会出现偏差，就容易走向歧途。

道德是人们共同生活及其行为的准则，是调节人们行为的一种社会规范，是衡量人们行为正当与否的观念标准。人们在社会上从事各种活动，逐渐形成复杂的社会关系，会产生各种各样的矛盾和利害冲突。为保障人类社会生活的正常有序，就要求人们对人与人之间的利益关系经常进行必要的调整，并对个人的行为加以必要的约束。道德通过确立一定的善恶标准和行为准则，调节社会关系，约束人们的相互关系和个人行为，因此，总体来说，道德是社会意识形态长期进化而形成的一种制约，是在一定社会关系下调节人与人之间包括个人与个人，个人与集体、社会之间关系的价值观念和行为规范的总和，它往往代表着社会的正面价值取向，起判断行为正当与否的作用。

思想与道德既有区别又有联系。人的道德观念形成会受思想影响。人的行为活动是由人的思想意识和道德观念共同支配决定的。加强人们的思想道德建设，对于人们正确地认识世界和改造世界具有至关重要的作用。

在当前背景下，坚持社会主义核心价值观，既包括思想素质建设，还包括以增强诚信意识为重点的职业道德、社会公德、家庭美德和个人品德建设等内容。

3. 社会主义核心价值观的主要内容

党的十八大提出，倡导富强、民主、文明、和谐，倡导自由、平等、公正、法治，倡导爱国、敬业、诚信、友善，积极培育和践行社会主义核心价值观。富强、民主、文明、和谐是国家层面的价值目标，自由、平等、公正、法治是社会层面的价值取向，爱国、敬业、诚信、友善是公民个人层面的价值准则，这 24 个字是社会主义核心价值观的基本内容。

“富强、民主、文明、和谐”，是我国社会主义现代化国家的建设目标，也是从价值目标层面对社会主义核心价值观基本理念的凝练，在社会主义核心价值观中居于最高层次，对其他层次的价值理念具有统领作用。

“自由、平等、公正、法治”，是对美好社会的生动表述，也是从社会层面对社会主义核心价值观基本理念的凝练。它反映了中国特色社会主义的基本属性，是我们党矢志不渝、长期实践的核心价值理念。

“爱国、敬业、诚信、友善”，是公民基本道德规范，是从个人行为层面对社会主义核心价值观基本理念的凝练。它覆盖社会道德生活的各个领域，是公民必须恪守的基本道德准则，也是评价公民道德行为选择的基本价值标准。

二、思想道德素质建设的主要内容

1. 职业道德素质建设

（1）职业道德的概念及涵义。职业道德是指从事一定职业的人，在职业活动的整个过程中必须遵循的与所从事的职业活动相适应的道德准则和行为规范。

职业道德是在特定的职业实践的基础上形成的职业特有的道德传统和道德习惯以及从事职业的人们所特有的道德心理和道德品质。职业道德指明了职业义务、职业责任以及职业行为上的道德准则，反映了职业、行业以至产业特殊利益的要求。职业道德具有双重属性，一方面，它以职业分工为基础，同实践职业活动紧密联系在一起；另一方面，它又不是脱离一定社会的道德而独立存在。职业道德始终是在社会道德的制约和影响下存在和发展的。任何一种形式的职业道德，都在不同程度上体现着社会道德的要求。职业道德与各种职业要求和职业生活相结合，具有较强的稳定性和连续性，能够让道德主体形成比较稳定的职业心理和职业习惯，影响其道德风貌。

（2）倡导职业道德的意义和作用。职业道德是社会主义道德体系中的重要组成部分，反映了社会主义的本质，表明了各种职业活动的出发点和归宿。职工职业道德既包含职业道德的一般原则和规范，又包含各种职业各自特殊的道德要求。职业道德来源于职业活动的实践，又反过来指导职业活动的实践，是理论与实践的统一。进行职业道德素质建设，一方面调节职工之间的内部关系，即运用职业道德规范约束职业内部人员的行为，加强职工的凝聚力；另一方面调节职工与其服务对象之间的关系，使产品质量和服务质量得到有效保证，更有助于维护和提高本行业的信誉。

（3）职业道德素质建设包含的主要内容。职业道德素质建设的主要内容包括爱岗敬业、诚实守信、办事公道、服务群众、奉献社会、竞业避止等建设内容。

①爱岗敬业。

爱岗敬业是职业道德的基础，是爱岗与敬业的总称。

爱岗就是热爱自己的工作岗位，热爱本职工作。敬业是指用一种严肃的态度对待自己的工作，兢兢业业、忠于职守、尽职尽责。

爱岗和敬业，互为前提，相互支持，相辅相成。爱岗是敬业的基石，敬业是爱岗的升华。只有爱岗敬业，才会真正地把工作当成自己一生为之奋斗的事业，才会把自己的所有精力和智慧投入其中，才能在自己的工作岗位上勤勤恳恳，不断地钻研学习，一丝不苟，精益求精，才会做好本职工作。

职业是一个人赖以生存和发展的基础保障。爱岗敬业不仅是个人生存和发展的需要，也是企业和社会存在和发展的需要。如果一个人漠视自己的岗位，工作没有热情，得过且过，那么个人的生存和职业前途就会出现问题，企业和社会也将难以得到发展。

要做到爱岗敬业，就要认真履行岗位职责，在自己的岗位上忠于职守、踏踏实实，做到干一行、爱一行、专一行。

当然，提倡爱岗敬业，热爱本职，并不是要求人们终身只能“干一行”，也不排斥人的全面发展。它要求劳动者通过本职活动，在一定程度上和范围内做到全面发展，不断增长知识，增长才干，努力成为多面手。我们不能把忠于职守、爱岗敬业片面地理解为绝对地、终身地只能从事某种职业，而是选定一行就应爱一行。劳动者可以根据社会的需要和个人的专业、特长、兴趣和爱好选择职业，真正做到人尽其才，充分发挥自身的积极性和创造性。这与我们所强调的爱岗敬业的根本目的是一致的。

爱岗敬业是平凡的奉献精神，因为它是每个人都可以做到的，而且应该具备的；爱岗敬业又是伟大的奉献精神，因为伟大出自平凡，没有平凡的爱岗敬业，就没有伟大的奉献。

提升企业核心竞争力，全面建设小康社会，以及个人得到全面发展，都需要亿万职工具备爱岗敬业的职业精神，为建设伟大的创新型国家作出贡献。

②诚实守信。

诚实守信是诚实与守信的总称，是一种人品修养和做人的根本准则。

诚实，即忠诚老实，是忠于事物的本来面貌，不隐瞒自己的真实思想，不掩饰自己的真实感情，不为不可告人的目的而欺瞒别人。

守信，是讲信用、讲信誉、信守承诺，忠实于自己承担的义务。

诚实与守信有着内在的紧密联系。诚实是守信的思想基础，守信是诚实的外在表现。只有内心诚实，做事才能守信用。

与人的其他品质相比较，诚实更能深刻地表达人们内心的真正动机。一个秉承诚实美德的人将体现出一种高尚的道德力量和意志力量，既能为他人所信赖，也让人乐于接近，在赢得别人信赖的同时，又能为自己的工作和事业带来莫大的益处。可以说，诚实是金，是为人处世的一种高尚品格，更是每位职工在企业中能够取得事业成功的必备品质。

信用是事业成功的法宝。在竞争激烈的社会里，信用已远远超出了美德的范畴，变成了事业成功必不可少的要素。现代社会中，信用可以说是一个人的命脉，失去了信用，甚至会失去生存的机会。

“诚者，乃做人之本，人无信，不知其可”，“无诚则有失，无信则招祸”。诚实守信，是中华民族的传统美德，几千年来，受到人们的自觉信奉和推崇。在当前的社会主义市场经济条件下，在道德素质建设中，诚实守信更是广大职工应该遵守的职业道德之一。它要求我们无论在工作或生活中，都应忠诚老实，言行一致，遵守约定，信守诺言，自觉做老实人，说老实话，办老实事。这样就能保证我们在顺境时有人助，在逆境时有人扶，为我们事业的成功提供坚实的基础和保障。

③办事公道。

办事公道是指对于人和事的一种态度，也是千百年来人们所称赞的职业道德。它要求人们待人处世要公平、公正。公平、公正要以公心为基础，如果从个人的感情和利益出发，很难做到公平、公正。当然，公平、公正也包含平等的内涵。办事公道是在爱岗敬业、诚实守信的基础上提出的更高一个层次的职业道德的基本要求。

公道是指坚持原则，按照一定的社会标准，实事求是地待人处世。这个标准包括法律、道德和政策。

办事公道是指职工在办事情、处理问题时，要站在公正的立场上，对当事双方按照同一标准和同一原则办事的职业道德规范。

办事公道的道德规范包括：坚持真理、公私分明、公平公正、光明磊落。

办事公道是抵制行业不正之风、保持企业正常运行的基本保证和重要条件，是职业劳动者应具有的品质。

对企业和职工来说，办事公道可以促进彼此信任，加强相互协作，在企业内部形成一种凝聚力，保证企业运行的各个环节紧密衔接，是使企业达到高效运行的重要条件。

对于职工来说，无论是在企业中，还是在社会生活中，都离不开与人打交道，都要处理各种关系。怎样才能做到办事公道？这就要求我们做到不断坚定自己的信仰，锤炼自己的意志，在大是大非面前立场坚定：要以科学真理为标准，处理事情时要有正确的是非观和明确的是非标准，分辨善恶美丑，要坚持原则，不徇私情、不怕权势、不讲关系、不看背景、不分亲疏，做到在政策、法律、纪律、制度面前人人平等。要做到办事公道，还必须加强学习，不断提高认识能力和敏锐的洞察力。

把握了以上为人做事的准则，我们就能真正地把握自己，坚持真理，秉公办事。

④服务群众。

服务群众是指为他人服务，是职业道德的核心和基础，是社会主义主人翁精神的表现。它包含了“人人为我，我为人人”的思想。

任何人要生活、要发展、要工作、要劳动，首先是要接受社会和其他人提供的大量服务；同时，任何一位从业者也是在自己本职岗位上通过自己具体的工作和劳动，为他人、为社会提供服务。因此，服务群众是社会全体从业者通过互相服务，来达到社会发展、共同幸福的目标。可以说，服务群众是一种现实的生存方式，也是职业道德要求的一个根本内容。

从企业角度看，“我为人人，人人为我”的职业道德要求，主要体现在“我为企业，企业为我”的密切关系上。因为企业兴衰与职工的个人利益是密不可分的，它要求职工充分发挥企业主人翁精神，通过生产出优质产品和优质服务，既服务社会大众，树立良好的企业形象，进而提升企业经济效益，同时每个职工也得到相应的服务回报。因此，职工在岗位上的一举一动，都关系到企业的形象、信誉、效益和个人收益的高低。

⑤奉献社会。

奉献社会指不论从事何种职业，从业人员不是为了个人和家庭，也不是为了名和利，而是为了他人，为了有益于国家和社会而积极自觉地、全心全意地作出贡献；是愿意为他人、为社会或为真理、为正义献出自己的力量。奉献社会是为人民服务精神的最高体现。

奉献社会不仅有明确的信念，而且有崇高的行动。

社会是由人组成的，没有个人就无所谓社会；社会又是每个个人之间的一切社会关系构成的有机整体。个人与社会既相互区别又相互依存、相互作用。每个人作为一种个体的存在物，都有维持自己生存和发展的需要。个人的全面发展需要借助社会提供的平台，社会的进步也必须由全体社会成员共同参与，积极努力，需要每一位社会成员付出一份力，奉献一份爱，传递爱心，共建文明，服务他人，回报社会。

奉献社会并非难以做到。奉献社会可以用敬业，可以用爱心，也可以从身边的人和事做起。从现实的角度看，一个人不论从事什么行业，不论在什么岗位，只要忠于职守，认真工作，都可以说是在为社会作贡献。

⑥竞业避止。

竞业避止，又称竞业禁止或竞业避让，是指负有特定义务或在特定工作岗位的职工不得对其所服务的企业从事具有营业竞争性质的行为。即在单位工作期间不得到竞争企业兼职或任职，不得自行组建公司与单位竞争，在离开原单位一定期限内，未经原单位同意，不得从事同原单位业务有竞争性的业务。

合理的竞业避止是有效堵塞侵犯商业秘密的手段之一，既是一名职业人应该遵守的职业道德，从某种角度说还是一种法律约束。随着市场经济的不断发展，人才流动日益频繁，在流动过程中，每个人有责任、有义务保护原企业的商业秘密或知识产权，不应因为重新就业而泄露原企业的商业秘密，造成原企业巨大的经济损失。否则，就会受到道德的谴责，甚至受到法律的制裁和惩罚。

以上六个方面是职业道德建设的主要内容。职业道德建设是整个社会道德建设的重要组成部分。职业道德一方面涉及每个从业者对待职业、对待工作的态度，同时也是一个从业人员生活态度、价值观念的表现；是一个人的道德意识、道德行为发展的成熟阶段，具有较强的稳定性和连续性。另一方面，职业道德也是一个职业集体乃至一个行业全体人员的行为表现，如果每个行业、每个职业集体都具备优良的道德，将有助于提高全社会的道德水平。

2. **社会公德建设**

（1）社会公德的涵义。社会公德是反映国家意志和民族共同利益的道德规范，是人们在社会交往和公共生活中应该遵循的行为准则，是调节公共生活领域中人与人之间关系的行为规范。

社会公德是社会生活中最简单、最起码、最普通的行为准则，是维持社会公共生活正常、有序、健康进行的最基本条件。因此，社会公德是全体公民在社会交往和公共生活中应该遵循的行为准则，也是作为公民应有的品德操守。

社会公德需要依靠社会舆论、习俗和人们信念的力量，调节人与人、人与社会、人与自然之间的关系，规范人们的言行。

（2）社会公德的主要内容。我国宪法规定：爱祖国、爱人民、爱劳动、爱科学、爱社会主义，是全体公民必须遵守的社会公德。中华人民共和国公民都要以“五爱”为准则。《公民道德建设实施纲要》用“文明礼貌、助人为乐、爱护公物、保护环境、遵纪守法”20个字，对社会公德的主要内容和要求作了明确规范。

3. 家庭美德建设

（1）家庭美德的基本概念及涵义。美德是人的一种内在价值，是经过涵养教化而形成的普遍化的情感、欲望品质，是人的高尚的道德行为和优良的道德品质，如正义、诚实、宽容、节俭、爱心等。

家庭美德是人们在家庭生活中应该遵循的行为准则，是指关于家庭的道德观念、道德规范和道德品质。它涵盖了夫妻、长幼、邻里之间的关系。家庭美德是调节家庭成员之间，即调节夫妻、父母同子女、兄弟姐妹、长辈与晚辈、邻里之间，调节家庭与国家、社会、集体之间的行为准则，也是评价人们在恋爱、婚姻、家庭、邻里之间交往中的行为是非、善恶的标准。家庭美德还包括在家庭生活中，在道德意识支配指导下，按照家庭美德规范行动，逐渐形成的人们的道德品质、美德。

（2）家庭美德的主要内容。家庭美德涵盖了尊老爱幼、男女平等、夫妻和睦、勤俭持家、邻里团结五个方面。

①尊老爱幼。

尊老是指赡养老人。赡养老年父母，是子女必须承担的法定义务，也是社会主义家庭美德的起码要求；爱幼是指为人之父母对子女、长辈对晚辈在生活、培养和教育方面应尽的养育义务。尊敬老人，孝敬父母，爱护幼年子女和关心下一代，这是我国自古以来就十分推崇的家庭美德，也是社会主义家庭美德的重要规范。这不仅是每个公民必须遵守的道德准则，也是每个公民应尽的社会责任和法律义务。

②男女平等。

男女平等是指男女在政治、经济、文化和社会生活以及家庭生活等方面享有同等的权利、履行同等的义务。在我国，这不仅是一种家庭美德，还是一项基本国策和应遵守的法律准则。

③夫妻和睦。

夫妻和睦是指夫妻关系应以平等互爱为基础，努力做到互敬、互爱、互信、互帮、互谅、互让、互慰、互勉。夫妻是家庭关系的核心，夫妻双方都应自觉遵守家庭生活中的行为准则。夫妻和睦、志同道合、共同进步是维护整个家庭和谐、融洽的关键，是家庭幸福的重要前提和保证。

④勤俭持家。

勤俭持家是指凭借自己的双手和智慧，通过辛勤劳动，获得经济收入的增加和生活条件的改善；以“量力而行、量入为出、勤俭节约、适度消费”为原则，精打细算，科学合理地安排家庭经济生活，避免浪费。勤俭持家、勤劳致富既是中华民族的传统美德，也是具有现代文明的消费观，是家庭幸福兴旺的保证。

⑤邻里团结。

邻里团结是指邻里之间应该以礼相待，互谅、互让、互帮、互助，团结友爱。

邻里关系是一种团结互助的关系。搞好邻里团结最重要的是做到互相尊重。邻里之间是一种地缘关系，既无血缘关系，又无法定关系，但朝夕相处，在日常生活中有广泛的联系。邻里关系处理得好，可互为助手、互为依靠，有益于各家生活；处理不当，既会影响街坊邻里的安定，又会败坏社会风气。所以，邻里团结不仅有利于全社会的精神文明建设，也有利于每个家庭的安定幸福。

社会主义的家庭美德，是社会主义道德在家庭生活中的具体体现，即要求每个家庭成员都要履行自己的道德责任和道德义务。除了工作之外，我们每个人都生活在家庭中，即便是一时因各种原因孤独在外，将来也会回到自己的家庭中。在家庭生活中，每个成员都要关心家庭这个集体，共同治理好家庭，个人利益要服从家庭的整体利益。中国有着几千年优秀的家庭美德文化传统，今天我们要把这些优秀的文化传统继承和传承下去，并建立适合现代社会生活的家庭美德，鼓励人们在家庭里做一个好成员，以促进家庭的美满幸福和社会的安定和谐。

家庭生活与社会生活有着密切的联系，正确对待和处理家庭问题，共同培养和发展夫妻爱情、长幼亲情、邻里友情，不仅关系到每个家庭的美满幸福，也有利于社会的安定和谐。

4. 个人品德修养

（1）个人品德的概念及涵义。个人品德是指人类个体以心理活动形式表现出来的道德观念、道德情感、道德行为和道德品质。它是由多种成分构成的一个有机整体，是人在与社会环境的相互作用中表现出来的独特行为模式、思维方式和情绪的反应，是人在社会化过程中形成和发展的人的思维能力、认知能力、行为动机、情绪反应、人际关系、态度和信仰、道德价值观念等方面的特有统合模式。

（2）个人品德修养的主要内容。个人品德的内容，涉及广泛，例如忠诚老实、坚定勇敢、谦虚谨慎、艰苦朴素、正直无私、严于律己、廉洁奉公、勤奋刻苦、自尊自强、遵纪守法等，概括起来，主要包含艰苦奋斗、勤俭节约、团结友善、诚以待人、公私分明等内容。

①艰苦奋斗。

艰苦奋斗是一种无畏艰难困苦，奋发图强，为国家和人民的利益乐于奉献的、英勇顽强的斗争品质。

艰苦奋斗的品德既是我们面对新的经济形势认识和处理复杂思想道德问题的需要，也是我们继续奋发努力、追求健康生活的需要。健康的生活应是多种需求的均衡满足，人们不仅要关注物质脱贫，更应关注精神脱贫。物欲膨胀助长的将不仅是不正之风的蔓延，也极易导致精神的颓靡。在新的历史条件下讲艰苦奋斗，就要求我们居安思危，知难而进、奋发向上、不畏艰险、公而忘私地做好本职工作。

艰苦奋斗是促进经济发展和社会进步的动力，是个人成就事业、报效祖国、有所作为必备的品质。只有艰苦奋斗，才能变不可能为可能；具备艰苦奋斗品质的人，才能到达成功的彼岸。

②勤俭节约。

勤俭节约是中华民族的优良传统，是人们以人生幸福为目标，勤劳节俭、追求效益、力避浪费的优良品德。

小到一个人、一个家庭，大到一个国家、整个人类，要想生存，要想发展，都离不开勤俭节约。

中华民族历来倡导勤俭节约。在中国历史上，诸葛亮把“静以修身，俭以养德”作为“修身”之道；朱子将“一粥一饭，当思来之不易；半丝半缕，恒念物力维艰”当作“齐家”的训；新中国成立后，毛泽东以“厉行节约，勤俭建国”为“治国”的经验。

勤俭节约不仅能让职工养成良好的生活习惯，更是一种科学健康的生活方式。例如，职工在工作中主动节约一张纸、一度电，日积月累可以降低企业的生产经营成本，促进企业效益的增长。当前所倡导的“低碳生活”就是勤俭节约的一种具体方式。“低碳生活”并不意味着要刻意去节俭，去放弃一些生活的便利，而是要求人们要养成一种自然而然地珍惜身边各种资源的习惯。只要我们能做到珍惜资源、从生活的点点滴滴做到多节约、不浪费，就是“低碳生活”。

③团结友善。

团结友善是人与人之间相处的基本准则，是指团结他人，友善他人，使得人与人之间和睦友好、互相帮助、珍重友谊、为人善良、充满善意。

团结友善作为公民的道德规范，其基本要求是强调在追求共同理想目标的基础上，公民通过弘扬集体主义精神和团队精神，形成各个行业、各个部门、各个单位、各个群体的凝聚力，进而发展成为全民族、全社会的凝聚力。

团结友善是人与人和谐相处的润滑剂，是心灵沟通的桥梁。人生好比一面镜子，你对别人什么态度，别人也会给你什么态度。你若心高气傲，那么他人也会对你冷眼相对；你若恶语相向，他人也许会拳脚相对；你若真诚友善，他人便会笑脸相迎。

每个人都不能离开社会、离开集体而孤立生活。集体是一个大家庭，我们每个人都是其中一分子。团结、互助、友爱是每个人都应具备的道德品质，一个优秀的集体最重要的标志就是活泼向上、团结友善，它要求每个人都真诚去面对这个集体的每一个人，学会谦虚，学会倾听，学会冷静，在必要的时候让步，风雨同舟，同甘共苦，有福同享，有难同当。只要拥有这种优秀的品质，我们才能有机地结合起来，才能“其利断金”，担当起建设祖国的重任，为国家和企业多作贡献，促进社会和谐发展。

④诚以待人。

诚以待人是待人接物应持的态度，也是人际关系中有效的黏合剂。诚以待人就是用真诚的心来对待别人、关心别人。

真诚是指对人对事抱着真正关怀和坦白的态度，不掩饰自己的真实动机，为他人办事尽心竭力、开诚布公、襟怀坦荡。待人不真诚，就不能使对方感到亲近，也不能取得对方的信任，会使对方产生防范心理，从而形成一道无形的墙，自然也就不可能建立起互相信赖的关系。做到以诚待人，别人才会以诚相待；不以诚待人会处处碰壁，这是无数事实已经证明了的真理。

⑤公私分明。

公私分明就是公家与私人的界限要十分清楚，不能凭借自己手中的职权，牟取个人私利，损害社会利益、集体利益或者他人利益。

生活中不可能没有私事、私情、私欲、私人关系等，如果公私不分，轻则导致个人意志衰退、理想信念发生动摇，重则要葬送个人的前途甚至生命。因此，要坚持公私分明，公是公，私是私，反对以权谋私，当公与私发生矛盾时，宁可个人受点损失，也不做损公肥私的事情。

个人品德与职业道德、社会公德、家庭美德是紧密联系的。良好的个人品德是成功的基石，俗话说："树无根则无以立于地，人无品则无以立于世。"一个品德高尚的人，无论在工作单位、社会和家庭中都会是一个好成员；一个品德低下的人，就可能做出有损于社会、家庭和他人的不道德行为。不管是社会公德、职业道德还是家庭美德，都是一个人的个人品德在不同场合下，因不同角色担当的表现。因此，个人品德是道德建设的基础，是社会主义道德体系的重要组成部分，是搞好社会公德、职业道德、家庭美德建设的前提和条件。培养良好的个人品德，对提高职工思想道德素质，促进全社会的精神文明建设，具有重要作用。

以上我们从思想素质、职业道德、社会公德、家庭美德及个人品德等方面阐述了思想道德素质建设的主要内容。

人类的社会生活可分为三大领域，即职业生活、家庭生活和公共生活。与此相适应，用以调整和指导人与人之间，个人与社会之间关系的整个社会道德规范也分为三大部分，即职业道德、家庭伦理道德和社会公共生活道德。而树立正确的世界观、人生观、价值观、道德观念、理想信念是人类社会三大领域道德建设的基础。由此可见，思想道德教育的目标，就是要使个人适应社会发展的要求，遵循社会发展所要求的价值体系、思想观念和道德规范。当思想道德教育形成了人的内在动力系统，把一定的政治思想观念、世界观、人生观、道德准则渗透到职业生活、家庭生活和公共生活中，就可引导我们朝着正确方向发展。当思想道德原则内化为人的内在品质时，它就转化为人发展的强大精神动力，使个体产生强力的自我发展、自我完善的意识趋向，就可转化为人类文明进步的强大的精神动力。因此，思想道德素质建设是职工素质建设工程的首要任务。

三、社会发展呼唤工匠精神

2016年3月5日，国务院总理李克强作政府工作报告时提出，“改善产品和服务供给要突出抓好提升消费品品质、促进制造业升级、加快现代服务业发展三个方面。鼓励企业开展个性化定制、柔性化生产，培育精益求精的工匠精神，增品种、提品质、创品牌”。由此开始，工匠精神一词红遍大江南北。

古语云：“玉不琢，不成器。”工匠精神不仅体现了对产品精心打造、精工制作的理念和追求，而且还要求不断吸收最前沿的技术，创造出新成果。

所谓工匠精神，第一是热爱你所做的事，胜过爱这些事给你带来的钱；第二就是精益求精、精雕细琢。工匠们喜欢不断雕琢自己的产品，不断改善自己的工艺，享受着产品在双手中升华的过程。工匠们对细节有很高的要求，追求完美和极致，对精品有着执着的坚持和追求。他们坚持把品质从99%提高到99.99%，其利虽微，却长久造福于世。

工匠精神精神内涵有哪些？

（1）精益求精。注重细节，追求完美和极致，不惜花费时间精力，孜孜不倦，反复改进产品。

（2）严谨、一丝不苟。不投机取巧，必须确保每个部件的质量，对产品采取严格的检测标准，不达要求绝不轻易交货。

（3）耐心、专注、坚持。不断提升产品和服务，因为真正的工匠在专业领域上绝对不会停止追求进步，无论是使用的材料、设计还是生产流程，都在不断完善。

（4）专业、敬业。工匠的目标是打造本行业最优质的产品、其他同行无法匹敌的卓越产品。

工匠精神在当今企业管理中有着重要的价值。

当前部分企业心浮气躁，追求“短、平、快”（周期短、投资少、见效快）带来的即时利益，从而忽略产品的品质灵魂。因此，企业要有工匠精神，才能在长期的竞争中获得成功。当其他企业热衷于“圈钱、做死某款产品、再出新品、再圈钱”的循环时，坚持工匠精神的企业，依靠信念、信仰不断改进、完善产品，最终生产出来的高标准的产品，必然会得到市场的认可。

工匠精神落在职工层面，就是一种认真精神、敬业精神。其核心是：不仅仅把工作当作赚钱养家糊口的工具，而是树立起对职业敬畏、对工作执着、对产品负责的态度，极度注重细节，不断追求完美和极致，给客户无可挑剔的体验，将一丝不苟、精益求精的工匠精神融入每一个环节，做出打动人心的一流产品。与工匠精神相对的，则是“差不多精神”——满足于 90%，差不多就行了，不追求 100%。我国制造业存在大而不强、产品档次整体不高、自主创新能力较弱等现象，多少与工匠精神缺失、“差不多精神”显现有关。

问答题

1. 职工素质建设工程中，思想品德建设包括具体哪四个方面？

2. 社会主义核心价值观包括哪 24 个字？

3. 什么是职业道德，主要包含哪几个方面？

4. 社会公德主要包含哪几个方面？

5. 应从哪些方面加强个人品德修养？

6. 什么是家庭美德，家庭美德主要包含哪五个方面内容？

7. 就个人而言，如何培养工匠精神？

第二节
科学文化素质建设，必须大步向前

科学文化作为一种文化力量，推动着社会物质文明的发展和社会精神文明的进步。提高职工的科学文化素质，既是中国未来的发展大计，同时也是迅速适应国际竞争环境的当务之急。

《规划》指出：加强科学文化素质建设，加快职工队伍知识化进程。通过各类科学文化知识的教育、传播与普及，引导职工树立科学理念，提升科学文化素养。各级工会每年帮助50万名职工提升学历水平。加强职工教育培训阵地建设，全总每年命名200个全国职工教育培训优秀示范点，给予重点扶持。全国职工素质建设工程领导小组每年命名一批职工读书活动先进单位和先进个人。全总每年继续在各地建1000个职工书屋示范点，带动各地工会每年新建10000个职工书屋，吸引职工积极参与各种读书活动。大力繁荣先进职工文化，着力培育一批职工文化业余骨干队伍，建设一批职工文化示范阵地，确定一批职工文化艺术创作培训基地，推出一批职工文化艺术活动品牌，打造一批职工文化艺术精品，树立一批职工文化建设工作先进典型。

一、科学文化的基本概念及涵义

1. 科学文化的基本概念

科学是反映自然、社会、思维等的客观规律的分科的知识体系。

文化是指人类在自身发展过程中从事实践活动和精神活动的方式，以及由这些活动创造出来的物质和精神成果，如历史、地理、风土人情、传统习俗、生活方式等。

科学文化是人类在认识和改造自然的科学实践中所形成的一种文化形态，是一种超越民族和地域的文化。它是以科学技术为主要特征，以自然界为指向，并由严谨的科学知识、规范的科学方法、理性的科学思想、求真务实的科学精神而形成的文化体系。科学文化素质就是人们在科学文化方面所具有的较为稳定的、内在的基本品质。

2. 科学文化素质的涵义

科学文化素质，是人在处理与自然和社会的关系中应该具备的知识、精神要素（价值观念）和实践能力，它与思想道德素质和健康素质一起，构成民族的整体素质，它应当包括受教育程度、科学精神、科学水平、精神状态、文化修养、创新意识和创新能力等多方面的因素。

其中，科学文化素质主要包括：科学知识、科学思想、科学方法和科学精神等。

科学知识是人们在改造世界的实践中所获得的认识和经验的总和。

科学思想是指在科学的历程中，人们对科学现象和科学活动的理性思考、认识、看法和观点。

科学方法是指人们在认识世界的实践活动中所创造并运用的思维方式和操作方式。

科学精神是指人们在长期的科学实践活动中形成的共同信念、价值标准和行为规范的总称。

科学知识、科学思想、科学方法和科学精神互相联系、互相作用。知识是基础，思想是灵魂，方法是能力，精神是动力，精神、思想和方法又都贯穿在知识中，贯穿在学习运用知识、改造世界的实践活动中。

世界范围的经济竞争，综合国力竞争，实质上是科学技术的竞争和民族文化素质的竞争，因此，大力提升职工的科学文化素质，是建设创新型国家给我们提出的紧迫而艰巨的任务。

二、科学文化素质建设的主要内容

科学文化的发展与进步，是改造世界和推动历史前进的重要力量。掌握并运用最新科学文化成果，并不断更新科学文化知识结构，在本职岗位上实现技术创新，推动科技进步和产业升级，是职工科学文化素质建设的关键。

科学文化素质建设包含如下方面：

1. 学习科学知识

科学知识是人类对于客观规律的认识和总结，是人们从事科学劳动的基本产品。科学知识是构成科学文化的基础，离开科学知识，科学文化也无从谈起。

科学知识对人类的发展起着至关重要的作用。科学知识不仅能够帮助人们形成智力、能力、生产力，同时也能形成新的思想道德和精神品格，促进人的全面发展。正是不断积累的科学文化知识，帮助人类从大自然中站立起来，与动物区分开，走向文明，走向未来。有些群众由于缺少必要的科学文化知识，导致封建愚昧思想还在困扰着他们，甚至因此出现了“法轮功”等邪教组织一度在部分地区泛滥肆虐的情况。因此，职工必须有危机感，尽快改变知识不够和后劲不足的状况。

科学知识的发现、总结与创新一直贯穿于人类改造自然、社会及人自身的整个过程。当今时代已经进入知识经济时代，知识已经成为一种特殊的资本，是无价之宝。从培根的“知识就是力量”到邓小平的“科学技术是第一生产力”，科学知识已经成为智力劳动中生产资料的一部分，已经毫无疑问地成为一种资源、一种财富。科学知识来自实践，又指导人们进行实践。职工只有学习科学知识，才能积聚力量，才能更好地解决生产和生活中遇到的问题，才能更好地生活。

科学知识分类有很多种，根据职工的工作特点，可以把科学知识分为基础知识和专业知识。基础知识是指人们为适应社会生活所必须掌握的一般知识，其中包括自然科学知识、社会科学知识、人文科学知识等。我们常说的数学、物理、职业安全卫生知识、应急避险知识、资源和环境保护知识等都属于基础知识。专业知识是指从事某一职业活动所必须具备的知识，是一定范围内相对稳定的系统化的知识。掌握专业知识是做好本职工作的基础。目前，社会分工越来越细，只有掌握了专业知识，并将它用于实践中，专业知识才会成为真正的力量，才能够做好本职工作。

基础知识和专业知识的关系，就像盖高楼，如果地基打得不牢固，房子就不可能盖得很高。基础知识是专业知识的基础，没有好的基础知识，专业知识的学习和研究就不能够深入透彻，就不能很好地掌握专业知识。专业知识是基础知识的进一步延伸，只有学好专业知识，基础知识才能得到更好的应用，才能体现出其真正的价值。

基础知识和专业知识是科学文化素质提高的基础。不掌握好基础知识和专业知识，职工的科学文化素质就像空中的楼阁，不能创造出价值。因此，广大职工只有努力学好基础知识和专业知识，才能将其转化为生产力，创造出巨大的社会价值，才能为更好地工作生活打下良好的基础。

2. 树立科学思想

科学思想是科学活动的结晶。科学思想一般可分为两个层次：一是信奉科学、讲求科学的科学观念和科学意识；二是更高层次上的科学思想体系。

科学思想的内容非常广泛，可分为：科学自然观、科学生命观、科学历史观、科学真理观、科学进步观等。我们常接触的数学科学中的极限思想、自然科学中的互补思想、生命科学中的进化思想、社会科学中的和谐思想、思维科学中的系统思想、哲学科学中的转化思想等，都是科学思想的内容。

科学思想来自科学实践，又指导科学实践。没有科学思想，科学事实本身不会凸显出具有规律性的意义，再多的科学知识也不过是一些文档材料，一些缺少灵魂的东西。科学思想是科学探索、科学创新的理论基石，决定了科学发展的方向和进程。自然界和人类社会都有各自发展、变化的客观规律。人们只能认识它、利用它，遵循规律去办事才能取得成功。违反客观规律，凭借自己的主观意愿去办事情，尽管用心是好的，但结果必然碰壁，把事情办坏。“拔苗助长”的故事就是很好的例证。

树立科学思想，可以帮助职工正确地思考问题，从繁杂的事物中理出头绪，认识事物的本质，遵循科学规律办事；帮助职工少走弯路，事半功倍地完成工作；指导职工进行科学创新，为创新工作提供有力的支持和帮助。

3. 掌握科学方法

科学方法是人类认识世界的有效手段和工具。它是指人类社会认识和改造世界中遵循或运用的原则、手段和途径，包括在理论研究和推广实践活动中采用的思路、程序规则、技巧的模式。简单地说，科学方法就是人类在认识和实践活动中运用的全部正确方法。

科学知识是多层次的系统，而认识和改造客观世界的科学方法，也是一个多层次的体系。

科学方法的内容可以分成三个层次：

一是个别领域和学科中所采用的特殊研究方法，称之为特殊科学方法，如物理学中的光谱分析方法、生物学中的同位素示踪方法等。

二是各门学科的一般研究方法，如观察方法、实验方法、分析综合方法、逻辑方法、数学方法等。

三是适用一切科学的哲学方法。

科学方法以人类思维的一般规律和客观事物发展的一般规律为依据，能有效地帮助人们解决问题和实现目标。科学方法一旦形成，就能指导人们更有效地进行思维，更有效地学习科学知识、运用科学知识，解决实际问题。如果不懂得科学方法，就只能永远被关在科学的门外。

毛泽东同志曾形象地把工作任务比喻成过河，把工作方法比喻成桥和船。过河不能没有桥和船，做工作不能没有科学方法。因此，科学方法是职工做好工作的有效和必备的工具。没有科学方法，我们就不能很好地解决问题，完成工作的目标。掌握和运用科学方法，可以使我们少走弯路，提高办事效率，节省时间，在短时间内创造出更大的效益。

4. 坚持科学精神

科学精神是人们在长期的科学实践活动中形成的共同信念、价值标准和行为规范的总称。它是指由科学性质所决定并贯穿于科学活动之中的基本的精神状态和思维方式，是体现在科学知识中的思想或理念。

科学精神是推动科学创新的动力，对人们的思想和行为具有普遍的指导意义，是社会文明进步的精神力量。

科学精神体现于科学文化素质建设的全部过程中。科学精神一方面作为反对迷信和伪科学行为的有力武器，帮助人们抵制荒谬错误的言论，引领人们在科学领域内取得成功；另一方面，科学精神又逐渐地渗透到人们的意识深层，激励人们学习、掌握和应用科学，激发人们热爱生活，追求真理，聪慧敏锐，公正无私，自信而不狂傲，严格而不教条，刚正不阿而又从容不迫，充满创新精神和创造活力。因此，科学精神一旦形成，就会成为一个人、一个国家和民族的灵魂，它培养人们坚强的意志，使得人们敢于探索，不怕困难，勇往直前，鼓舞人们在科学的道路上不断攀登前进。坚持科学精神，可促使我们在工作中从实际出发，按照客观规律办事，理性地思考问题，用科学的态度研究问题。从这个角度讲，科学精神是引导职工开展岗位创新工作的精神动力。

科学精神是求真务实的精神、改革创新的精神、文明进步的精神，也是科学发展观的灵魂。科学精神包括执着的探索精神、创新改革精神、理性精神、求真求实精神、实证精神、严格精确的分析精神、协作精神、民主精神、开放精神和实践精神等。这里我们主要阐述求真求实精神和探索创新精神。

（1）求真求实精神。求真求实精神是指一切从实际出发，尊重客观实际和客观规律，按照客观规律办事情；在思考和研究中尽力地排除主观因素的影响，尽可能精确地揭示出事物的本来面目；对待事物不盲从、不迷信、不感情用事，理性地思考和解决问题。

任何一门现代科学，背后都存在着不计其数的实证过程。坚持求真求实精神，能够使人们客观地看问题、分析问题、解决问题，在面对大量信息过程中不会轻易上当和迷失方向；能让人们认清事物的本质，把每一项工作做到实处；使人们在面对问题时能够抵制种种诱惑，自始至终都能保持清醒的头脑，用理性的态度分析问题，不会随波逐流，人云亦云。

（2）探索创新精神。探索精神是指根据已有知识、经验的启示或预见，在所从事的科学领域，依靠锲而不舍的毅力，始终如一地按照既有方向进行科学研究和实践活动的意志。创新精神是指具有能够综合运用已有的知识、信息、技能和方法，提出新方法、新观点的思维能力和进行发明创造、改革、革新的意志、信心、勇气和智慧。

创新精神是一种勇于抛弃旧思想、旧事物，创立新思想、新事物的精神，是科学的生命，科学活动的灵魂，是一个国家和民族发展的不竭动力，也是一个现代人应该具备的素质。

正确引导、激发职工创新精神，培养职工创新能力，使广大职工在岗位技术创新中体现或实现自身价值，是职工科学文化素质建设的重要内容。

当前，自主创新能力薄弱是制约我国经济社会与科技发展的主要因素。突出表现在：原始创新能力不足，在可能发生科学革命的重要方向上总体来说还处于跟踪水平，真正由中国人率先提出和开拓的新问题、新理论、新方向并不多；关键核心技术受制于人，许多重要产业的对外技术依存度高，先导性战略高技术领域布局薄弱。在经济全球化日益深化的今天，自主创新能力是一个国家、一个民族进步的标志，决定着一个企业的生存与发展。在知识经济时代，企业之间的竞争主要表现为企业整体实力特别是高素质职工队伍的竞争，集中表现在企业职工掌握知识、运用知识的能力，特别是创新方面的能力。因此，自主创新能力是知识经济的核心，也是人才最有价值和最宝贵的素质。

科学精神源于人类在追求真理的过程中形成的理性思维与实证传统。它随着科学实践而不断丰富、升华与传播，已成为现代社会的普遍价值和人类宝贵的精神财富。科学精神能为科技进步和创新提供强大精神动力。改革开放以来，我们正是在“科学技术是第一生产力”这一重要论断的指引下，发扬科学精神，深化经济与科技体制改革，推动了经济持续快速发展。当前，我国正处于加快转变经济发展方式、建设创新型国家的关键时期，我们不仅要大幅提升自主创新能力，而且要大力弘扬科学精神，建设具有显著时代特征的先进文化。

广大职工是企业的主体，也是增强企业自主创新能力、建设创新型企业的主力军。能否充分尊重和充分发挥职工在企业创新中的作用，也是衡量一个企业是否有活力、是否具有竞争力、是否具有创造力的重要标志。提升自主创新能力需要加大科技投入、建设科教基础设施，但更重要的是需要用科学精神武装科技创新队伍，提升其创新的自信心与勇气；需要大力传播科学精神，提倡理性思维的科学方法，夯实创新的社会基础。

所以，企业在进行创新活动的过程中，不仅要靠科技工作者的研究探索，更多的要依靠广大职工在本职岗位上的创新，充分尊重和发挥广大职工的自主创新能力，使其在企业中形成创新合力，促进企业持续发展。

问答题

1. 加强职工科学文化素质建设，大力繁荣先进职工文化，要打造哪“六个一批”？

2. 科学文化素质建设主要包括哪些内容？

3. 科学精神主要包括哪些方面的内容？

第三节
技术技能素质建设，旨在强质增效

技术技能素质是职工成功完成某种任务或胜任工作必不可少的基本素质。伴随着我国经济的快速发展，经济全球化不断深入、产业结构的不断调整与升级、科学技术日新月异，这些趋势使得我国各产业对技能人才特别是高级技能人才的需求日益凸显，技术工人、技术人才严重短缺已成为制约产业结构调整升级和经济发展的瓶颈因素。因此，进行技术技能素质建设是职工素质工程建设的重要内容。

《规划》指出：加强职工队伍技术技能素质建设，培养技能型创新型人才。不断扩大各类技术技能竞赛、岗位练兵、技能培训覆盖面，每年帮助100万职工提升技术等级。全总每3年命名一批全国示范性劳模创新工作室，授予“全国示范性劳模创新工作室”称号。设立职工创新专项资金，用于支持劳模创新工作室开展技术创新攻关和职工技能素质提升活动。

一、技术技能素质的基本概念及涵义

1. 技术技能素质的基本概念

技术技能素质是指人们完成特定工作或者任务必须具备的技术和能力。技术通常是经后天学习获得的某一领域或多个领域的知识，技能是把技术知识广泛应用到生活和工作中的能力，具备很强的实践性。

技术与技能有着密不可分的内在关系，人们要掌握技能，首先要掌握技术，理解并掌握了该技术的知识，才能获得技能。

2. 技术技能素质的涵义

技术技能素质包括岗位专业技术能力和岗位综合胜任能力两部分。

技术技能可分为专门的生产技术技能和非生产技术技能。生产技术技能一般是指人们完成本职岗位工作应具备的技术和能力，如产品的制造技术、工艺流程的实施等。非生产技术技能一般是指人们自身应该具备的、与完成本职岗位工作相关的技术和能力，如一个人的写作能力、语言表达能力、学习研究能力、人际沟通能力以及自主创新能力等。

二、专业技术技能素质建设的主要内容

专业技术技能是职工生存必须具备的本领。不具备过硬的技术技能，就不能胜任本职工作，更不能在竞争激烈的市场中占据一席之地。人们从事所有工作，都需要一些专门技术技能，不同行业的技术技能要求也不同，如数控机床行业要求人们掌握数控机床加工工艺与编程、程序输入、数控加工等技术技能，电气控制技术行业要求人们掌握维修电机、变频器、继电器及设计可编程控制系统等方面技术技能，汽车维修行业要求人们掌握汽车故障的诊断与排除等。

随着社会经济的高速发展和国际竞争的日益加剧，企业和社会不仅需要熟练掌握岗位技能的劳动者，更需要一大批能够从事复杂劳动、解决生产操作难题的复合型高素质劳动者和高技能型人才。《国家中长期人才发展规划纲要（2010—2020年）》提出，到2020年，我国人才发展的总体目标是：培养和造就规模宏大、结构优化、布局合理、素质优良的人才队伍，确立国家人才竞争比较优势，进入世界人才强国行列，为在21世纪中叶基本实现社会主义现代化奠定人才基础。

因此，在实施职工素质建设工程中，要把职工技术技能素质的提升摆在关系到企业生死存亡的重要位置，通过各种手段，加大技术技能人才培养的力度，引导职工学习业务，钻研技术，熟练掌握所从事工作岗位的操作技能，培养造就具有较强实践能力和创造能力的专业技术技能人才队伍和高技能人才队伍，以适应企业发展和促进产业升级的需要，推动技术创新，实现企业与职工的和谐、同步发展。

专业技术技能素质建设包含如下主要内容：

1. 培养专业技术技能人才队伍

专业技术技能人才是指具有一定的专业理论知识，在工作一线从事

生产和研究活动的专业技术技能人才。专业技术技能人才是一个广泛的概念，不仅是指那些具有一定技术职称的技术人员，也包括非职称的能工巧匠。

《国家中长期人才发展规划纲要（2010—2020 年）》提出，要适应社会主义现代化建设的需要，以提高专业水平和创新能力为核心，培养造就规模宏大的技能人才队伍。到 2015 年，专业技术人才总量达到 6800 万人。到 2020 年，专业技术人才总量达到 7500 万人，占从业人员的 10% 左右，高级、中级、初级专业技术人才比例为10：40：50。具体措施有：构建分层分类的专业技术人才继续教育体系，加快实施专业技术人才知识更新工程，加大现代物流、电子商务、法律、咨询、会计、工业设计、知识产权、食品安全、旅游等现代服务业人才培养开发力度，重视传统服务业各类技术人才的培养，发挥各类社会组织培养专业技术人才的作用等。

2. **注重造就高技能人才队伍**

高技能人才主要指生产领域的高级技师、技师以及服务领域具有相应职级的人员，是指在工作一线从事那些技术含量大、劳动复杂程度高的高级技术工人和技师。高技能人才具有较高素质和能力，具有一般技能人才所不具备的精湛技艺以及解决复杂性、关键性和超常规实际操作难题的能力。他们既具有较高的知识层次和创新能力，掌握当代较高水平的应用技术、技能和理论知识，又掌握熟练的操作技能，并具有创造性和独立解决关键性问题的能力。

近年来，党和国家高度重视高技能人才的培养。紧紧围绕培养、评价、使用、激励等重点环节，进一步完善政策措施，健全工作机制，优化舆论环境，使高科技人才规模不断扩大，结构逐步优化。

《国家中长期人才发展规划纲要（2010—2020 年）》提出，要适应走新型工业化道路和产业结构优化升级的要求，以提升职业素质和职业技能为核心，以技师和高级技师为重点，形成一支门类齐全、技艺精湛的高技能人才队伍。实现高技能人才总量同经济和社会发展目标相适应，高技能人才结构同产业、行业发展需求相适应，基本满足经济社会发展对高技能人才的需求。

主要举措有：完善以企业为主体、职业院校为基础，学校教育与企业培养紧密联系、政府推动与社会支持相结合的高技能人才培养培训体系；加强职业培训，统筹职业教育发展，整合利用现有各类职业教育培训资源，依托大型骨干企业（集团）、重点职业院校和培训机构，建设一批示范性国家级高技能人才培养基地和公共实训基地；改革职业教育办学模式，大力推行校企合作、工学结合和顶岗实习；制定高技能人才与工程技术人才职业发展贯通办法；建立高技能人才绝技绝活代际传承机制；广泛开展各种形式的职业技能竞赛和岗位练兵活动等。

三、综合能力素质建设的主要内容

随着社会经济的快速发展，社会分工越来越细，工作越来越复杂，人们除了要掌握生产技术技能，还要培养自己能够承担本职工作的非生产技术技能，即综合能力素质。

综合能力素质是指职工在职业活动中应该具备的、与从事本职工作相关的职业操守、专业知识和技术技能，如团队协作能力、学习研究能力、人际沟通能力、自主创新能力、工作执行能力等。提升综合技能素质能力，将有利于开发职工智力、挖掘职工潜力、有效发挥职工的积极性与主观能动性、促进人的全面发展，帮助职工更加有效地做好工作，以适应市场激烈的竞争环境。

1. 提高团队协作能力

团队协作能力是指以团队为核心，团队成员之间为达到既定目标所显现出来的自愿合作和协同努力的能力。

“三个臭皮匠，顶个诸葛亮。”加强团队协作，有利于共同承担风险和责任，有利于团队更加灵活地分派工作，有利于更有效地进行授权和决策，能够激发团队成员更大的创造力，迅速应对外部的变化，促进团队绩效的提高。因此，加强职工的团队协作能力建设，可以发挥每个职工的优势，相互之间取长补短，相互信赖，互相帮助，高效率地完成既定的工作目标，为企业创造更多的价值。

2. 提高学习研究能力

学习研究能力是指通过多种途径获取新知识，增加学识，提高技能和研究水平，从而获得有利于自身和企业发展的能力。

未来的竞争就是学习研究能力的竞争。学习研究能力是人类生存和发展的推动力，是职工做好工作必须具备的能力，是做好工作的基础。职工只有具备较强的学习研究能力，才能适应未来社会的发展变化和激烈的市场竞争，才能为自己争取更大的发展空间，才能更好地做好本职工作。

3. 加强人际沟通能力

人际沟通能力是指人们运用语言或非语言符号系统进行信息交流沟通的能力。

沟通是人与人之间发生联系的最主要的方式。在处理冲突时，要有一定的技巧和方法，掌握沟通的互动性，充分调动对方，以达到预期的目的。因此，在工作过程中，要善于倾听和理解别人的需要，在坚持原则的基础上，有理有节地通过接触、交流，把己方的要求巧妙地表达出来，说服对方按自己的意愿办事。

良好的人际沟通能力，有助于职工与他人更好地交流信息，交换想法和意见，达到相互理解、避免误会和冲突的目的，保障团队的分工合作顺利进行，促进团队的团结和睦，增进团队的凝聚力和向心力。

4. 提高自主创新能力

自主创新能力是指人们为达到一定的目的，遵循事物发展的规律，对事物的整体或其中的某些部分进行变革，从而使其得以更新与发展的能力。

自主创新可分为三个层面：原始创新，以获取科学发现和技术发明为目的；集成创新，将多种相关技术有机融合，形成新产品、新产业；引进消化吸收再创新，在消化吸收中把引进技术变为自有技术。

创新贯穿于企业的组织、技术、产品、市场等各个环节。自主创新能力是推动企业快速发展的原动力。加强职工的自主创新能力，有助于职工在企业各个工作环节进行创新活动，从而增强企业的创新能力和市场竞争能力。

5. 提高工作执行能力

工作执行能力是指人们在工作中能够贯彻企业发展战略，理解上级意图，采取有效措施，完成预定目标的能力。

工作执行力是企业管理成败的关键。一个企业的成功要靠出色的执行力来做保证。比尔·盖茨说过：“微软在未来十年内，所面临的挑战就是执行力。”工作执行能力差是企业的最大内耗，不仅会消耗企业的大量人力、财力，还会错过机会，影响企业的战略规划和发展。企业要实现“办一流企业、出一流产品、创一流效益”的经营宗旨，就必须让职工具备一流的工作执行能力。职工如果没有出色的工作执行力，即使企业有再好的发展战略目标、再好的管理机制、再细的管理制度，也只能是沙盘上的宏伟蓝图，永远不会实现。所以说，职工没有执行能力，就没有竞争力，企业也就没有发展力。

问答题

1. 职工技术技能素质包括哪两部分内容？

2. 什么是专业技术技能人才？

3. 职工需要提高哪几个方面的综合能力素质？

4. 到 2020 年，我国专业技术人才总量将要达到多少万人，占从业人员的比例是多少？

5. 培养高技能人才队伍可采取哪六个方面的举措？

第四节
民主法治素质建设，重在凝心聚力

民主法治是协调各种社会利益关系、创建充满活力的社会环境、维护社会安定、营造良好秩序的重要保证，也是推进企业民主管理法律化和制度化、加快企业改革发展步伐、应对日趋激烈的市场竞争的迫切需要。因此，加强民主法治素质建设是职工素质建设必不可少的内容之一。

《规划》指出：加强职工队伍民主法治素质建设，引导广大职工尊法学法守法用法。推进党的十八届四中全会精神和法治宣传教育下基层、进企业、入班组，各类普法宣传教育做到全覆盖。加强职代会、厂务公开、集体合同等民主管理和集体协商知识的普及与培训，增强职工民主参与、民主管理和民主监督意识，提高依法理性表达诉求的能力。

一、民主法治的基本概念及涵义

1. 民主法治的基本概念

民主法治是人类通过几千年的探索，为寻求社会和谐、有效地解决矛盾冲突所得出的最佳的管理国家和社会有关事务的方法，是国家和社会合理高效运行的状态，体现大多数人的利益，符合大多数人的意愿，并为多数人共同遵循。

民主法治包含民主和法治两个方面的内容。民主就是人民管理国家和社会有关事务。法治就是依法管理国家和社会事务。民主与法治是一个有机的整体，缺一不可。民主为法治的保障，法治为民主的基石。民主是实现人民意志的条件，是法治有效实施的保障。民主以法为基础，在法的原则下做到令行禁止，社会才不会混乱，民主才有保证。

2. 民主法治的涵义

我国的民主法治是社会主义的民主法治，体现工人阶级和广大人民群众的意志和利益，使工人阶级和广大人民群众成为国家和社会的主人，按照平等和少数服从多数的原则，依照宪法和法律规定，通过各种途径和形式共同管理国家和社会事务。

如何健全民主和法律制度，丰富民主形式，拓宽民主渠道，依法实行民主选举、民主决策、民主管理、民主监督，保障人民的知情权、参与权、表达权、监督权，是我国社会主义民主法治的主要内容。

我国宪法明确规定：“中华人民共和国的一切权力属于人民。”在人民当家做主的基础上，维护最大多数社会成员的利益，实现最大多数社会成员的意愿，是社会主义民主的根本目的。因此，人民当家做主是社会主义民主的核心。

我国宪法还规定：“中华人民共和国实行依法治国，建设社会主义法治国家。”法治作为一种现实的法律秩序状态，是社会有序运转的重要保证，是社会发展的基石。依照法律规则来治理社会，社会发展就有保障。法律至高无上，法律面前人人平等，任何组织机构或个人都不能凌驾于法律之上是法治的必然要求，是社会主义法治的核心。

二、民主法治素质建设的主要内容

1. 加强法律知识学习，提高法律素质，依法办事

人民的权利应由法律加以保护，人民应尽的义务也应由法律加以规范。在现实生活和工作中，广大职工应该遵纪守法，自觉遵守企业的规章制度，遇到问题，懂得通过正常的民主和法律程序与途径予以解决。然而也有一些职工法律意识淡薄，法制观念不强，在不知法、不懂法、不用法、不守法，不能依法履行义务的同时，自身权益也极易受到侵害，并且得不到及时维护。因此，职工学习法律知识的目的是只有学法、懂法，才能明白什么行为是守法，什么行为是违法，明确自身的权利和义务，避免因不知法而犯法，懂得用法律武器保护自己的正当权益。

在法治社会，职工通过学法、知法、懂法，从而做到用法、守法，依法维护自身权益，是国家和工会组织开展普法宣传教育的重要目标，也是不断提高职工法律素质，加强职工素质建设的内在要求。有法可依、有法必依、执法必严、违法必究是法治社会的标志。有法可依就是解决问题有法可循；有法必依就是必须遵守法律、依法做事；执法必严就是严格按法律的规定实施法律，坚决维护法律权威和尊严；违法必究就是法律面前人人平等，任何人只要违反法律，就要受到法律追究。作为法治社会的重要主体，职工要通过法律素质建设强化法治意识，做到依法办事，这是维护职工利益的需要，也是全面建设小康社会和维护社会和谐的需要。

《宪法》是我国的根本大法，是其他法律建设的基础。职工首先要学好《宪法》，用好《宪法》，树立《宪法》至上的精神。除此以外，还应借助工会组织的普法平台，并通过自学掌握一些基本的法律知识，如《劳动法》《工会法》《劳动合同法》《就业促进法》《劳动争议调解仲裁法》《刑法》《物权法》《安全生产法》《职业病防治法》《工伤保险条例》《女职工劳动保护规定》等。还可以根据工作岗位的性质，开展岗位学法，如财会人员学习《会计法》《税法》，质检人员学习《产品质量法》，市场营销人员学习《合同法》，安全保卫人员学习《消防法》《安全法》等。

2. 提高民主法治意识，参与民主管理

习近平总书记强调，保障职工群众经济、政治、文化、社会权益是中国社会主义制度的根本要求，是党和国家的神圣职责，也是发挥广大职工群众积极性、主动性、创造性最重要最基础的工作。工会要赢得职工群众的信赖和支持，必须做好维护职工群众切身利益的工作，促进社会公平正义。工会维权要讲全面，也要讲重点，重点就是职工群众最关心、最直接、最现实的利益问题，就是职工群众面临的最困难、最操心、最忧虑的实际问题，在经济发展的基础上不断提高职工群众生活水平和质量，使他们不断享受到改革发展成果。

依法进行民主参与、民主决策、民主管理和民主监督是我国社会主义民主法治的基本要求，是维护职工主人翁地位和利益、保障职工的民主权利的充分体现。因此，要不断提高职工民主法制意识，引导职工通过依法进行民主参与、民主决策、民主管理和民主监督，更好地履行自己的权利，参与国家和社会事务管理，积极推动社会主义民主进程。

企业民主管理制度是指企事业单位职工，依照法律法规和政策规定，参与企事业单位决策、管理和监督，企事业单位的经营管理者尊重、支持和保证职工民主权利行使及落实的有组织的制度性、规范性活动。企业民主管理的主体是企事业全体人员，涵盖企事业单位经营者、管理人员、技术人员和生产工人。在企业推行民主管理制度，对完善现代企业制度、促进企业健康发展，维护职工合法权益、构建和谐劳动关系，完善权力运行监督机制、加强反腐倡廉建设，扩大职工民主权利、加强基层民主政治建设，有着十分重要的作用。

平等协商和签订集体合同是职工通过自己的组织（工会）或代表与用人单位或其代表组织，为调整劳动关系进行协商的行为。平等协商和签订集体合同是法治社会里协调劳动关系，避免和减少劳动纠纷的重要制度，对于职工权益维护与实现具有重要意义。通过协商签订集体合同，以法律文书形式宣示职工权益，可以有效化解劳资矛盾，节约社会成本。因此，了解平等协商和签订集体合同也是职工民主法治素质建设的重要内容。要通过民主法治素质建设，使广大职工知晓平等协商和签订集体合同的相关内容，懂得集体协商的意义、作用，学会参与集体协商，维护自身权益。

工会是职工利益的代表者和维护者，通过工会和政府联席（联系）会议制度以及企业、工会和政府劳动保障部门的三方协调会议制度，平等协商与集体合同制度、职工代表大会制度和工资集体协商制度等，维护职工合法权益，推动和谐劳动关系的构建。

问答题

1. 我国社会主义民主法治的主要内容是什么？

2. 职工学习法律知识的目的是什么？

3. 法治社会的标志是什么？

4. 我国社会主义制度的根本要求是什么？

5. 为什么说了解平等协商和签订集体合同是职工民主法治素质建设的重要内容？

第五节
健康安全卫生素质建设，打造安全理念

健康安全是职工最根本，也是最基本的权益保障。只有把职工的健康安全放在第一位，才能保证职工队伍的稳定，激发职工生产的积极性、创造性，促进企业持续健康地发展以及社会的和谐与安定。因此，加强健康安全卫生素质建设是职工素质建设工程不可或缺的内容之一。

《规划》指出：加强职工队伍健康安全卫生素质建设，促进实现职工安全生产和体面劳动。大力倡导健康安全卫生理念，着力普及健康安全知识，坚持不懈地开展全员安全生产和职业病防治专业知识普及工作，推动职业教育院校和各类职业培训机构把安全生产纳入教育培训内容，各类群众性职业安全卫生教育和“安康杯”竞赛活动覆盖率达到 85% 以上。动员组织广大职工积极参加全民健身活动，进一步提升职工健康生活指数。

一、健康安全卫生的基本概念及涵义

1. 健康安全卫生的基本概念

健康安全卫生是指为保护职工在生产工作过程中的健康、安全、卫生，而采取的一系列有效的综合措施。健康安全包含健康和安全两个方面的内容。健康是指一个人在身体、精神和社会等方面都处于良好的状态。安全是指人们在生产经营活动中，没有危险和伤害，不出事故，未造成人身伤亡或财产损失，包括人身安全和财产安全。

2. 健康安全卫生的涵义

健康安全卫生包含身体健康、心理健康、安全管理、职业病防治等内容。

身体健康是指人们身体的各脏器和系统具有良好的生理功能，具有较强的抵抗疾病能力、身体活动能力和劳动工作能力。

心理健康是指具有正常的智力、积极的情绪、适度的情感、和谐的人际关系、良好的人格品质、坚强的意志和成熟的心理行为等。

安全管理是指人们在生产经营活动中，以安全为目的，为保证人身健康与生命安全，保证财产不受损失，确保生产经营活动顺利进行，促进社会经济发展、社会稳定和进步而采取的一系列措施和行动的总称。

职业病防治就是通过采取综合防护措施，防范、控制和消除职业病危害因素，以保障职工的健康安全卫生。

二、健康安全卫生素质建设的主要内容

1. 塑造健康体魄

人的身体就像一台十分精密复杂的机器，各个系统与内脏之间，互相依存，功能互补，使人体的各种机能处于平衡状态而维持正常的生理活动。身体健康是人们一切活动的基础，是人最宝贵的财富。塑造健康体魄，可以改善职工健康状况、防止慢性疾病的发生和发展、提高生存质量、降低医疗费用，达到提高经济效益的目的。保证身体健康对人的精神面貌有着重要影响，身体长期处于不健康状态，也会消磨人的意志，使人的精神委靡，对目标与理想发生怀疑，影响生活质量和工作质量，影响工作效率和可持续的发展。因此，为了自己和家庭，职工要关注身体健康，要将身体健康作为首要任务，从平时抓起，增强身体健康意识，加强身体锻炼，通过不懈的努力，塑造健康的身体。

2. 保持心理健康

心理健康是指人们对于环境以及人们相互之间具有高效及快乐的适应情况，是指人的基本心理活动的过程内容完整、协调一致，即认识、

情感、意志、行为、人格完整和协调，能适应社会环境和社会生活。

心理健康的标志一般表现为：(1) 具有充分的适应力；(2) 能充分地了解自己，并对自己的能力作出适度的评价；(3) 生活的目标切合实际；(4) 不脱离现实环境，热爱生活、热爱他人、热爱大自然；(5) 能保持人格的完整与和谐；(6) 善于从经验中学习；(7) 能保持良好的人际关系；(8) 能适度地发泄情绪和控制情绪，能承受欢乐与忧伤的考验；(9) 在不违背集体利益的前提下，能有限度地发挥个性；(10) 在不违背社会规范的前提下，能恰当地满足个人的基本需求，与社会保持同步。

随着市场经济和社会飞速的发展，企业对广大职工在岗位适应能力和整体素质提升方面提出了更高要求。生活节奏加快，各种各样的竞争强度的增加，人与人之间的收入、社会地位等差异越来越显著，尤其对广大农民工来说，环境的改变、人际关系、工作紧张、一些分配不公、贫富不均等现象更会造成他们心理的不平衡，其所承受的社会压力、经济压力和心理压力进一步加大，心理健康问题也越来越突出。如果心理抗压能力不够，或不能正确看待一些问题，不能及时疏解心理压力或困惑，就有可能出现工作效率降低、心理适应障碍，甚至导致心理疾病、自杀等过激行为，造成社会悲剧。

出现上述心理问题的原因，除了一部分客观或社会因素外，也跟一些职工存在的不健康心理状态和对心理健康知识的缺失有关。心理的健康对人的身体健康的良好作用是药物所不能代替的，不健康的心理对身体健康的危害不亚于病菌，关注职工的心理健康就是关注职工的生命，在积极改变社会环境，维护职工合法权益的同时，工会组织要充分认识加强职工心理健康教育的重要性，积极在职工中开展心理健康普及教育，采取人性化方式和手段，有效疏导职工的各种不良情绪或心理压力，使他们及时摆脱心理困境，恢复心理平衡，帮助他们寻找解决问题的新的途径和方法，增强他们对环境的适应能力及对挫折的承受能力，引导广大职工自觉建立健全的人格、保持乐观的情绪状态和积极进取的人生态度，全面提高职工的心理健康水平和生命质量。

3. **加强安全管理**

安全生产关系人民群众生命财产安全和千家万户的幸福安康，关系改革发展和社会和谐稳定大局。加强安全管理，将提高职工安全素质和企业经营者安全管理水平，防止伤亡事故，减少职业危害，为职工营造一个安全、和谐的工作环境。安全生产不仅能提高职工的积极性、主动性和创造性，切实维护好职工生命安全和身体健康的合法权益，而且能减少工伤事故及职业病危害给企业带来的劳动力和财产损失，提高企业效益，保持社会安定团结和经济持续、快速、健康发展，对构建和谐社会具有积极作用。

安全管理包括对职工的安全要求、作业环境、安全措施、安全行为养成、安全防护措施与用具等内容。进行安全管理的目的是预防、消灭事故，防止或消除事故伤害，保护劳动者的安全与健康。因此，加强安全管理就是以预防为主，以加强监管、落实责任为重点，增强职工的安全保护意识，做好安全防护，着力排查、消除所有事故隐患，有效防范和坚决遏制重特大安全生产事故，为实现经济发展、维护社会和谐稳定提供安全保障。

4. **做好职业病防治**

职业病是指职工在生产或工作过程中由于某种劳动的性质或者特殊的劳动环境而引起的疾病，如接触粉尘、噪声、放射性物质和其他有毒、有害物质等造成人的某些器官发生病变，或者引起全身性的疾病。

我国法定职业病主要有尘肺病，职业性放射性疾病，职业中毒，物理因素所致职业病，生物因素所致职业病，职业性皮肤病，职业性眼病，职业性耳、鼻、喉、口腔疾病，职业性肿瘤和其他职业病 10 大类，共计 115 种。

职业病本身具有的“潜伏期长”“发病滞后”等特点使得潜在和累积的患病人数很大，一些行业患病人数仍在发展。有专家指出，由于现在发布的职业病新发病例数是从覆盖率仅达 10% 左右的职业健康监护中发现的，因此实际病例远高于有关报告数字。职业病防治工作直接关系到劳动者身体健康和生命安全，直接关系到劳动力资源和经济的可持续发展，直接关系到社会的和谐与稳定，可谓是情系民生，事关和谐，责任重大，任务艰巨。

（1）加强企业职业病防治工作。在市场竞争更趋激烈化的今天，加强职业病防治，关心职工的生命安全和身心健康，是企业实现长久高效的运营和实现可持续发展的前提条件。企业要树立以人为本思想，加强对职业病危害的认识，加强对职工健康的重视，把职工的生命安全放在首位，落实防治主体责任，采取有效的综合治理措施，改进落后的生产工艺、设施和设备，加大职业病防治投入，增强应急救援能力，将职工的健康安全、环境保护同企业的生存和发展紧密结合起来，营造有利于职工健康的工作环境。企业还要对职工进行卫生保健及职业安全教育、劳动保护教育，以提高职工的自我保护意识。

（2）提高职工职业病防治意识和能力。企业一线职工是企业中与危险源直接接触的人群，自我防范意识必不可少。据不完全统计，全世界每年死于工伤事故和职业病危害的人数有 100 多万人，其中约有 1/4 的人是由于职业病引起的死亡。目前，全国涉及有毒有害品企业超过 1600 万家，接触职业病危害因素的人数超过 2 亿人。从煤炭、冶金、化工、建筑等传统工业，到计算机、汽车制造、医药、生物工程等新兴产业以及第三产业，都存在一定的职业病危害。职业病使很多患病职工身体饱受病痛折磨，整个家庭也为此背上了沉重的经济负担。由于受地域、工作环境和文化水平的局限，很多职工职业病防治意识淡薄，甚至不了解基本的防护知识，因此，对职工进行职业健康教育，最重要的是要增强职工职业病防治意识，让职工多了解岗位性质，有哪些保护措施，如何及时做好防护工作，提早防范职业病，按照本行业作业规范执行，防患于未然，对自己负责，对家人负责。

问答题

1. 职工健康安全卫生素质建设包含哪几个内容？
2. 什么是职工最根本、最基本的权益保障？
3. 心理健康的标志是什么？
4. 对职工进行职业健康教育，最重要的内容是什么？

第三章

全国职工素质建设工程如何“多管齐下”

职工素质建设工程要紧紧围绕提升职工的思想道德素质、科学文化素质、技术技能素质、民主法治素质、健康安全卫生素质，通过采取各种切实有效的措施、方法和途径，创造性地开展各项实践活动，扎扎实实推进职工素质建设工程的各项工作，使职工队伍理想信念更加坚定，职业道德建设更加深入，科学知识更加普及，技术人才结构更加合理，职工教育培训机制更加完善，职工文化和企业文化更加繁荣。

第一节

开展“中国梦·劳动美”教育实践活动，绽放劳动之美

《规划》明确指出：以职工大讲堂、演讲比赛、主题报告会、座谈会等多种形式，在广大职工中开展形式多样、生动活泼的教育实践活动，引导职工把实现个人理想、岗位建功立业与实现中国梦紧密结合起来，

以“劳动美”成就“中国梦”。

贯彻落实《中华全国总工会关于在广大职工中培育和践行社会主义核心价值观的实施意见》，将培育社会主义核心价值观融入到职工教育培训工作的全过程，渗透到职工日常工作、学习和生活各方面，成为职工文化建设的核心内容。深入挖掘各种重要节庆日、纪念日蕴藏的丰富教育资源，组织广大职工积极参与七一、十一等政治性节日，中国人民抗日战争全面爆发纪念日、抗日战争胜利纪念日、南京大屠杀死难者国家公祭日、烈士纪念日等重大历史事件、重要历史人物纪念日、重大节庆日的纪念活动。充分发挥中国志愿服务联合会职工委员会的作用，把广大职工开展各种形式的志愿服务活动常态化，培育形成一批职工志愿服务活动品牌，积极引导广大职工争做雷锋精神的传承者。

加强职业道德、社会公德、家庭美德、个人品德教育。组织道德论坛、道德讲堂、道德修身等活动，采用各种形式送教上门，在职工中进行以中华民族传统美德为核心的社会文明教育。把提升农民工文明素养和职业素养放在更加突出的位置，广泛开展培养新工人、新市民活动，对农民工进行市民意识、法律维权、职业素养、励志成才、城市生活常识、文明礼仪等方面内容的教育和培训。

一、“中国梦·劳动美”教育实践活动的主要内容

习近平总书记指出，实现中华民族伟大复兴的中国梦，根本上要靠包括工人阶级在内的全体人民的劳动、创造、奉献。要使中国梦真正同每个职工的个人理想和工作生活紧密结合起来，真正落实到实际行动之中。要把广大职工群众充分调动起来，满怀信心投身于为实现中国梦而奋斗的火热实践，形成万众一心、众志成城的磅礴力量。要在全社会大力弘扬中国工人阶级的优秀品质，大力宣传劳动模范和其他典型的先进

事迹，加强对广大青少年的教育，让劳动最光荣、劳动最崇高、劳动最伟大、劳动最美丽的观念蔚然成风，让全体人民进一步焕发劳动热情、释放创造潜能，通过劳动创造更加美好的生活。

“中国梦·劳动美”教育实践活动是以党的十八大、十八届三中全会和习近平总书记系列讲话精神为指导，以党的群众路线教育实践活动为契机，以“中国梦·劳动美”为主题，以社会主义核心价值体系建设为主线，以基层一线职工为重点，培养和选树一批立足岗位、发挥才干、爱岗敬业、技术卓越的示范典型，引领广大职工推进全面建成小康社会、全面深化改革、全面依法治国、全面从严治党战略布局的教育实践活动，进而实现中华民族的伟大复兴，实现“中国梦”。

中华全国总工会启动“中国梦·劳动美”教育实践活动，旨在号召每一个劳动者做中国精神的承载者、中国道路的践行者、中国力量的主力军，为实现伟大的“中国梦”努力奋斗，用“劳动美”托起每个人心中的中国梦。

二、在职工中培育和践行社会主义核心价值观，意义非凡

一个民族、一个国家，最持久、最深层的力量来自于全社会共同认可的价值观。党的十八大提出“三个倡导”、24 个字的社会主义核心价值观，同我国的历史文化相契合，同人民正在进行的奋斗相结合，同需要解决的时代问题相适应，回答了我们要建设什么样的国家、建设什么样的社会、培育什么样的公民的重大问题，是我们党凝聚全党、全社会价值共识作出的重要论断。

培育和践行社会主义核心价值观，是推进中国特色社会主义伟大事业、实现中华民族伟大复兴的中国梦的一项重大战略任务，关系国家长治久安、社会和谐稳定、人民幸福安康。工人阶级是我国的领导阶级，

是先进生产力和生产关系的代表，各级工会组织有责任、有义务把社会主义核心价值观融入广大职工的政治立场、价值追求、职业操守、精神境界等各个方面，使广大职工普遍追求富强、民主、文明、和谐的国家发展目标，充分认同自由、平等、公正、法治的社会价值取向，自觉遵守爱国、敬业、诚信、友善的个人行为准则。5000 多年厚重的历史文化，是中华民族的“根”和“魂”，是区别于其他民族的独特标识。

面对世界范围内思想观念碰撞激荡、价值观较量激烈的新态势，面对当代中国深刻变革中价值取向多元、多样、多变的新特点，面对经济关系、劳动关系和职工队伍深刻变化的新情况，引导广大职工继承和弘扬中华优秀传统文化，培育和践行社会主义核心价值观，树立高度的价值观自信，凝聚起推进全面深化改革、坚持和完善中国特色社会主义制度、推进国家治理体系和治理能力现代化的强大正能量，顺利实现“两个一百年”奋斗目标和中华民族伟大复兴的中国梦，具有深远的历史意义和重要的现实意义。

三、推动社会主义核心价值观广泛融入职工的生产、生活

1. 深入开展“中国梦·劳动美”主题实践活动

各级工会要坚持主题不变，一以贯之地开展“中国梦·劳动美”主题宣传活动，围绕建设什么样的国家、建设什么样的社会、培养什么样的公民，把社会主义核心价值观主题教育贯穿和融入活动之中，进一步深化和拓展主题宣传活动，坚定广大职工高度的价值观自信、正确的价值立场、价值追求，不断巩固团结奋斗的共同思想基础。大力弘扬劳模精神，要聚焦一线，积极培育和选树一批符合时代特征、在实际工作中贡献突出、广大职工群众支持拥护的楷模。要多角度、全方位地宣传劳动模范，增强劳动模范在广大职工特别是青年职工中的吸引力和感召力。

要建立健全劳动模范发挥作用的长效机制，在企业中普遍推行“劳模创新工作室”，广泛开展人才培养和技术攻关工作，做到点亮一盏灯、照亮一大片。

2. 推进法治建设、道德建设

认真学习宣传贯彻党的十八届四中全会精神，深入宣传阐释依法治国基本方略，大力弘扬社会主义法治精神，建设社会主义法治文化，加大法律知识普及力度，推动法治宣传教育下基层、进企业、进班组。推动商贸类企业开展“守法经营”主题活动，加强对职工的法治宣传教育，增强尊法、信法、守法、用法、护法意识，推动营造公平竞争的市场环境。继续开展全国职工职业道德建设评选表彰活动，推动全国职工职业道德建设工作深入扎实开展。深化公民道德宣传日活动，组织道德论坛、道德讲堂、道德修身等活动。把开展道德实践活动与培育廉洁价值理念相结合，营造崇尚廉洁、鄙弃贪腐的良好社会风尚。

3. 开展学雷锋志愿服务活动

要大力弘扬“奉献、友爱、互助、进步”的志愿精神，广泛开展岗位学雷锋活动，引导广大职工积极向上、向善，让广大职工为全社会学雷锋、树新风作出榜样，为实现中国梦有一分热发一分光。要充分发挥“中国志愿服务联合会职工委员会”的作用，组织广大职工以相互关爱、服务社会为主题，围绕扶贫济困、应急救援、大型活动、环境保护等方面，针对空巢老人、留守妇女儿童、困难职工、残疾人等群体，积极开展各种形式的志愿服务活动，用微笑和服务展现“职工志愿者”的风采。深化群众性精神文明创建工作。深入贯彻落实《公民道德建设纲要》，积极倡导知荣辱、讲正气、树新风、促和谐的文明风尚，广泛开展“建文明班组、创文明岗位、做文明职工”活动，宣传普及团结互助、扶贫济困、平等友爱、诚实守信的理念。广泛开展“争当学习型员工读书行动”，引导广大职工多读书、读好书、善读书，进一步提升自身素质。组织开展培养新工人、新市民活动，通过举办“周末课堂”、编写和发放通俗读本等方式，加大对农民工的城市生活常识、文明礼仪、市民意识、职业素养、职工权利、法律维权、励志成才等方面的培训力度，不断提升农民工的文明素养和职业素养，帮助农民工尽快成长为新工人、新市民。

四、积极组织职工志愿服务活动

志愿服务是一项以自觉自愿和不计报酬的方式参与社会生活、促进社会进步、推动人类发展的全球性社会事业。志愿服务行动的实践表明，志愿服务在推动社会进步、改善社会环境、树立社会文明风尚、维护社会安定团结等方面发挥着积极作用。因此，在职工中组织开展志愿服务活动是推进社会文明建设和促进职工素质提升的一种有效途径。

组织职工开展志愿服务活动，是指在广大职工中广泛普及志愿服务理念，大力弘扬志愿服务精神。组织职工开展志愿服务活动要贴近职工实际生活，如组织开展扶贫帮困、金秋助学、法律援助、无偿献血、文明风尚等志愿服务活动。组织职工开展志愿服务活动还要完善志愿服务体系，使更多的职工成为志愿者，成为良好社会风尚的倡导者，成为社会主义精神文明的传播者和实践者。

问答题：

1. 为什么说实现中国梦跟每一个职工息息相关？

2. 在职工中培育和践行社会主义核心价值观的意义有哪些？

3. 推动社会主义核心价值观广泛融入职工的生产、生活，包括哪些内容？

第二节
开展职工读书学习活动，用知识武装自己

《规划》明确指出：广泛深入开展“争当学习型职工读书活动”。不断丰富活动形式，及时总结和推广典型经验，选树先进个人，培育不同类型、各具特色的学习型团队和班组。通过举办读书会和报告会、推荐好书、征文、演讲、职工读书成果发布会、评选读书明星等形式，引导职工多读书、读好书，提升自身素质。

推广实施“农民工求学圆梦助推计划”。通过提供优惠政策、学费资助、实行学分累计等手段和灵活的形式，鼓励和帮助农民工提升学历层次，推广适应农民工工作特点和实际需求的“学分银行”“现代学徒制”等教育培训新模式，为农民工接受继续教育提供多样化途径。

加强和规范职工书屋建设。实施《全国工会职工书屋建设工程五年规划（2014—2018 年）》，新建的职工书屋向基础设施较差的中西部地区、老少边穷及少数民族地区、新型城镇化进程中农民工集中流入的地区及行业倾斜。丰富拓展职工书屋的内容与形式、功能与作用，推进全国工会电子职工书屋平台建设。

一、加强和规范职工书屋建设，推进“争当学习型职工读书活动”

职工书屋建设是在全国总工会的统一部署下，为“创建学习型组织，争做知识型职工”搭建的有效平台，是维护职工文化权益、全面

提升职工素质的重要举措，是增强企业文化软实力的基础性工程。职工书屋建设是工会实施职工素质建设工程、加强科学文化素质建设的有效途径。

要积极鼓励职工自学成才，倡导职工终身学习理念，推进“争当学习型职工读书活动”。要充分发挥工会“大学校”作用，把提高职工队伍整体素质作为一项战略任务抓紧抓好。职工书屋的建设与发展，正是发挥了工会“大学校”作用，体现了工会在服务职工、提升职工整体素质方面的重要作用，树立了工会形象，扩大了工会影响，增强了工会组织的凝聚力。

职工书屋的建设，要本着实事求是、因地制宜的理念，从自身实际出发，能大则大，能小则小，讲究实效，加强管理，充分发挥职工书屋的文化功能。比如，在某地铁工地，工人们自觉地建成了一个“迷你”型职工书屋。书屋里面的书籍、报刊最早是工人平时买了杂志、报纸等没有读完就临时存放在休息室。后来大家都自觉把自己的书放在休息室，供大家互相借阅学习，这样，就实现了大家花最少的钱学更多东西的意愿。“迷你”型职工书屋就这样逐渐建起来了。

此外，还可以把职工书屋作为教育学习阵地，可以以职工书屋为依托，运用读书节、读书月、读书会、读书征文、学习讲坛、专题讲座等多种形式，激发学习的愿望，培养职工学习兴趣，使职工以良好的精神状态投入到学习活动中，学以致用，不断提高自身素质。

与此同时，为适应网络数字化阅读的需求，《全国工会职工书屋建设工程五年规划（2014—2018 年）》提出在进一步巩固和扩大实体职工书屋建设同时，将数字化发展作为重点任务，统一筹划、设计建设内容海量、富有特色、便捷时尚的职工数字阅读系统。

全国工会电子职工书屋阅读系统（含网站和 APP）已于 2015 年年底

初步建成。阅读系统应用了前沿阅读技术和主流阅读功能，阅读内容紧密结合职工素质建设和文化生活需求，精选包括文学艺术、经济管理、素质技能、历史传记、心灵励志、生活健康、科普等各有针对性的十几大门类，并专门设置了教您维权、劳模、大国工匠、农民工、文体活动等特色内容，还将进一步丰富期刊、有声书、视频、学习资料、案例库等资源，并专设各地工会企业、职工原创板块，形成全国工会企业职工阅读、学习、文化创作的共享平台。

2016 年 1 月份，全总印发《关于做好全国工会电子职工书屋推广使用工作的通知》，目前各地工会正积极开展电子职工书屋的推广使用工作，争取利用五年左右时间，逐步实现电子职工书屋在各地基层单位和广大职工的普遍覆盖。

自我学习是获取知识的重要途径之一，也是工会倡导多年的职工自学成才的主要方式。工会和企业可以利用学习园地、板报、墙报、橱窗、学习室、图书室、电教室等，营造良好的学习氛围，拓展职工自我学习渠道，推进“争当学习型职工读书活动”，帮助职工打牢知识基础、培养学习精神、树立科学思想、掌握科学方法，不断提高职工的学习能力和创新能力，增强职工处理和解决实际问题的能力，养成良好的学习习惯，造就越来越多的学习型、知识型的职工群体。

总之，要大力抓好职工学习教育活动，广泛开展各类科学文化教育活动，建设基层职工教育培训示范点，重点扶持优秀示范点建设，大力建设全国工会职工书屋示范点，进而带动各级工会职工书屋和电子职工书屋的建设工作，广泛教育、传播与普及各类科学文化知识和技术技能，提升广大职工学历层次，不断提高职工的技术技能水平和技术创新能力。

二、积极组织开展不同类型、不同特色的教育培训

教育培训是工会发挥“大学校”作用、提升广大职工素质的重要途径，是职工素质建设实施的最常用、最直接的方法。通过教学或实验等方法对职工的知识和技能等进行培养与训练，可以使企业的知识、技能、管理方式在一定程度上得到有效传递，使职工的知识、技能、工作方法、工作态度以及价值观得到改善和提高。因此，教育培训是保持企业和个人可持续发展的重要保证。

实施职工教育培训工作，要具有很强的针对性和目的性。

对职工进行有计划、有针对性、多层次、多形式的教育培训，可以增强职工的任职能力，提高工作效率，提高个人和企业的业绩，推动企业和个人的不断进步，实现企业和个人的双重发展。因此，开展职工教育培训工作时，一定要注意根据职工的职业或岗位特点，从职工和企业自身的实际需要出发，积极探索灵活多样的方式，才能充分调动职工的生产积极性，提高职工教育培训效能，有效地促进职工素质的提升。

在开展职工教育培训工作时，要注意以下问题：

（1）在组织教育培训时，一定要从自身的特点与优势出发，针对不同行业、不同企业、不同职工的知识结构和知识水平，以学知识、学技术、学技能为主要内容，开展多层次、多门类、多形式的职业培训，为职工参加各类培训提供服务和支持。

（2）要不断创造新形式，赋予教育培训新的内容，鼓励和引导职工根据职业、岗位的需要和自身的特点，积极参加各类职业技能培训，支持职工通过参加学习培训取得职业资格证书和学历证明。

（3）积极组织下岗职工参加再就业培训，注重为下岗、失业人员和进城务工者提供更多的教育培训机会，确保他们共享教育培训的权利，帮助

他们提高再就业能力。

（4）加强对职工新知识、新技术、新工艺的应用培训，培养更多的一专多能的复合型职工。

（5）充分利用工会职工院校、工人文化宫、俱乐部、企业培训机构等教育培训阵地，开展多种形式的教育培训活动。

三、加强农民工教育培训，推广实施“农民工求学圆梦助推计划”

2016年3月，教育部、中华全国总工会联合印发《农民工学历与能力提升行动计划——“求学圆梦行动”实施方案》。同时，他们共同召开新闻发布会，正式开通了“求学圆梦行动”信息服务平台。

教育部职业教育与成人教育司司长葛道凯介绍，加强农民工继续教育，让农民工拥有一技之长，对于支撑经济社会转型发展和产业结构调整升级，帮助农民工在城市稳定就业，提高幸福指数和获得感具有重大意义，是一项服务国家发展战略、促进社会公平和谐的民生工程。

《方案》提出5项重点任务：一是提升农民工学历层次，提高专业技能；二是提升农民工岗位胜任能力，促进产业转型；三是提升农民工创新创业能力，助力万众创新；四是提升农民工综合文化素质，融入城市生活；五是开放优质网络资源，助推终身学习。为此，可有针对性地提出几项举措和保障措施：第一，建立校企合作人才培养模式；第二，建立基于信息化的混合式教学模式；第三，建立政、工、校、企联动工作机制；第四，建立多元化的农民工继续教育质量保障体系。

中华全国总工会一直非常重视包括农民工在内的广大职工的学历与能力提升工作。为提高职工队伍整体素质，2010年4月13日，全总制定并印发了《全国职工素质建设工程五年规划（2010—2014年）》，提出“集中对困难企业职工、农民工、失业人员和新成长的劳动力开展技能提升培训、职业技能培训、创业培训和储备性技能培训，提高其就业能力”。2015 年 4 月 15 日，全总制定并印发《全国职工素质建设工程五年规划（2015—2019 年）》，提出推广实施“农民工求学圆梦助推计划”，通过提供优惠政策、学费资助、实行学分累计等手段和灵活的形式，鼓励和帮助农民工提升学历层次，推广适应农民工工作特点和实际需求的“学分银行”“现代学徒制”等教育培训新模式，为农民工接受继续教育提供多样化途径。

“学分银行”是一种模拟或是借鉴银行的功能特点，使学生能够自由选择学习内容、学习时间、学习地点的一种管理模式。“学分银行”的主要内容为累积学分，它突破传统的专业限制和学习时段限制，将技能培训与学历教育结合起来。“学分银行”制度将学生完成学业的时间从固定学习制改变为弹性学习制。根据“学分银行”制度，学生只要学完一门课就计一定的学分，参加技能培训、考证也计学分，然后按全部应得学分累积；同时，允许学生不按常规的学期时间进行学习，而是像银行存款零存整取一样，学习时间可集中也可中断，即使隔了几年，曾有的学习经历仍可折合成学分，存于“学分银行”。

“现代学徒制”是由企业和学校共同推进的一项育人模式，其教育对象既包括学生，也可以是企业员工。对他们而言，就学即就业，一部分时间在企业生产，一部分时间又在学校学习。因此，学生和员工都可以从企业领取相应的工资。但是，作为一种新模式，在推广中需要企业和学校专门制定相应的人事政策进行支持。

四、“农民工求学圆梦助推计划”的具体举措

1. 建立择优录取和企业推荐相结合的公开遴选机制

各省（区、市）要针对本地产业发展规划和经费来源情况，公开遴

选参与院校（含普通高校、开放大学、独立设置的成人高校），确定学历继续教育招生专业和计划、非学历培训项目与规模。普通高校、开放大学、成人高校在现有政策框架内，采用全国成人统一考试招生、网络教育自主招生等方式择优录取。各地工会和企业要做好生源发动、推荐组织等工作，并尽可能为农民工提供便捷的学习条件。

2. 开发与岗位紧密对接的专业课程

参与院校要建立与企业联合开发专业课程和数字化资源的机制，不断优化专业和课程设置，努力实现学历教育和培训课程紧密对接行业需求、岗位要求、职业标准和生产过程。增加实践性课程比例，提高课程的实用性和针对性，支持与专业课程配套的虚拟仿真实训系统、实时双向交互式远程教学系统等的开发与应用。工会要积极推动参与院校与企业对接。

3. 推行校企合作培养模式和基于信息化的混合式教学模式

参与院校要深化产教融合、校企合作，根据农民工成长规律和工作岗位的实际需要，与企业共同研制工学结合的人才培养方案，建立校企双导师制和弹性学制，真正实现校企一体化育人。鼓励在农民工集中的代表性行业和大中型企业建设“农民工继续教育学习与实训中心”。要充分利用现代信息技术，探索建立网络教学与面授教学、自主学习与协作学习、个性化学习与师徒传承学习、理论学习与实践实训学习等相结合的混合式教学模式。鼓励参与院校开发适应农民工需求的在线教育资源，探索基于手机的移动教学与支持服务模式，方便农民工随时随地开展个性化学习。

4. 建立多元化的农民工继续教育质量保障体系

参与院校要建立内部培养培训质量保障体系，建立基于大数据分析的质量监控、跟踪、反馈和对外发布等机制。教育行政部门要完善教学质量监管制度和公示制度，建立农民工和用人单位参与教学质量评价的机制，开展满意度测评工作。

5. 建设行动计划的信息服务平台

教育部和中华全国总工会建立“求学圆梦行动”的信息服务平台，动态发布国家及各省相关政策信息，及时发布“求学圆梦行动”实施情况和服务农民工资源开放信息等。鼓励省级教育行政部门（含兵团）与总工会通过委托和联合建设等方式，建立服务本省农民工的“求学圆梦行动”信息服务平台和移动客户端，提供丰富的开放资源与支持服务，对纳入行动计划的项目实施业务管理和质量监控等。

问答题

1. 深入开展职工读书学习活动，包括哪些内容？
2. 什么是学分银行？
3. 什么是现代学徒制？
4. “农民工求学圆梦助推计划”的具体举措有哪些？

第三节
开展职工职业道德建设，塑造职业形象

《规划》明确指出：推动职工职业道德教育纳入各类企业职工岗前培训和日常培训之中。注重发挥劳模的示范引领作用，广泛开展劳模大讲堂、劳模事迹报告会、劳模进校园等活动，弘扬劳模精神和劳动精神。在各行各业和广大职工中广泛开展“岗位学雷锋”。以诚信、敬业为主

题，在工业企业和建筑企业中重点开展“用敬业做产品”主题活动，在商贸类企业中重点开展“守法诚信经营”主题活动。扎实开展职工职业道德建设标兵评选表彰等典型选树工作。

一、职业道德岗前培训的重要性

职业道德就是从事一定职业的人们在特殊的职业关系中，在长期职业活动的基础上形成的、具有自身职业特征的、在履行其职责过程中理应遵循的道德规范和行为准则的总和。职业道德反映了一定社会或一定阶级对从事职业的人们的道德要求，是一般社会道德在职业活动中的具体体现。只有一般的社会道德，没有职业道德是不行的。一般社会道德只有结合各个行业的特点，具体化为各种职业道德，才能在实际生活中充分发挥作用。职业道德是社会道德在行业领域的具体化。

社会主义职业道德规范的主要内容是：爱岗敬业、诚实守信、办事公道、服务群众、奉献社会。

岗前培训是新员工在组织中发展自己职业生涯的起点。岗前培训意味着新员工必须放弃某些理念、价值观念和行为方式，适应新组织的要求和目标，学习新的工作准则和有效的工作行为。职业道德岗前培训对于用人单位和职工都具有重要意义。

重要性主要表现在：

（1）没有职业道德的人干不好任何工作。职业道德是事业成功的保证，对人生存发展具有重要意义。

（2）职业道德是人事业成功的必要条件。在现代社会中，职业道德在人们事业中所起的作用表现得越来越突出。

（3）职业道德品质反映着人的整体道德素质，也是用人单位事业成功的有效保障。

（4）提高职业道德水平是人格升华最重要的途径，也有利于提升工作效率，培养爱岗敬业、诚实守信等核心价值观。

职业道德的社会作用是：

（1）使一定社会或阶级的道德原则和规范职业化。

（2）具有促进社会道德风尚和加强精神文明建设的重要职能。

（3）具有帮助人们提高认识社会实现能力的职能。

（4）具有调节职业关系，维护正常社会秩序的职能。

（5）具有使个人道德品质成熟化，促进事业发展的职能。

二、弘扬劳模精神、劳动精神，以劳动托起中国梦

习近平总书记强调：我们要始终弘扬劳模精神、劳动精神，为中国经济社会发展汇聚强大正能量。劳动是人类的本质活动，劳动光荣、创造伟大是对人类文明进步规律的重要诠释。正是因为劳动创造，我们拥有了历史的辉煌；也正是因为劳动创造，我们拥有了今天的成就。我们一定要在全社会大力弘扬劳模精神、劳动精神，大力宣传劳动模范和其他典型的先进事迹，引导广大人民群众树立辛勤劳动、诚实劳动、创造性劳动的理念，让劳动光荣、创造伟大成为铿锵的时代强音，让劳动最光荣、劳动最崇高、劳动最伟大、劳动最美丽蔚然成风。在我们社会主义国家，一切劳动，无论是体力劳动还是脑力劳动，都值得尊重和鼓励；一切创造，无论是个人创造还是集体创造，也都值得尊重和鼓励。

同时，我们要始终实现好、维护好、发展好最广大人民的根本利益，让改革发展成果更多更公平惠及人民。全心全意为工人阶级和广大劳动群众谋利益，是我国社会主义制度的根本要求，是党和国家的神圣职责，也是发挥我国工人阶级和广大劳动群众主力军作用最重要最基础的工作。我们一定要适应改革开放和发展社会主义市场经济的新形势，从政治、

经济、社会、文化、法律、行政等各方面采取有力措施，促进社会公平正义，实现好、维护好、发展好最广大人民的根本利益，特别是要实现好、维护好、发展好广大普通劳动者的根本利益。要面对面、心贴心、实打实做好群众工作，扎扎实实解决好群众最关心最直接最现实的利益问题、最困难最忧虑最急迫的实际问题。

三、“岗位学雷锋”，争创职业道德建设标兵

在发展与和谐的世界浪潮中，党中央倡导了新时代的学雷锋活动。各行各业的职工群众，要以“岗位学雷锋、争做好员工”的实际行动，争做职业道德标兵，展现新时期工人阶级的时代风采。

一是要像雷锋那样，做一颗爱岗敬业的革命螺丝钉。要学好雷锋爱岗敬业的精神。雷锋干一行、爱一行，钻一行、精一行，雷锋身上这些崇高的精神境界和朴实的工作作风，实质就是我们职工队伍的劳模精神。我们理所当然要继承下来，发扬光大。我们要用这种精神学知识、钻技术、当状元，做企业的能人、改革的达人、命运的主人、雷锋的传人。

二是要像雷锋那样，做一头踏踏实实的孺子牛。要学好雷锋艰苦朴素的精神。雷锋在任何工作岗位上，都以实干、苦干、巧干而赢得大家的喜爱和钦佩。我们要立足本职岗位，激情满怀地投身到工作中去，比一比谁的技能高，比一比谁的贡献大，在培育核心竞争力上展身手，在应对市场危机中显神威，用丰硕业绩保障全国经济发展稳中求进。

三是要像雷锋那样，做一支燃己照人的社会红蜡烛。要学好雷锋甘于奉献的精神。雷锋用毕生行动把助人为乐的人性美德发挥到了极致。“我为人人，人人为我”是社会公德的最高体现，也是我们工人阶级始终倡导力行的和谐世界的人际关系。全体工会干部不仅要带领广大职工群众在各自领域认真开展“面对面、心贴心、实打实”的服务基层群众

的活动，而且要把这项工会的新品牌活动扩展到全社会去，让广大人民群众共建共享。

四是要像雷锋那样，做一个乐观自强的锐意开拓者。要学好雷锋大胆创新的精神。工作生活勇于创新，是雷锋精神另一个宝贵侧面。职工群众，特别是企事业一线的职工群众，生活的压力大、困苦多，除了单位和社会帮助外，更要像雷锋那样，乐观面对、自强不息、转变观念、自力更生，开拓新境界，创造新生活，做生活的强者，做困难的克星，做精神家园的卫士。

问答题

1. 深入开展职工职业道德建设活动，在工业企业和建筑企业、在商贸类企业如何区别开展？
2. 社会主义职业道德规范的主要内容是什么？
3. 如何推动建设“知识型、技术型、创新型”的劳动者大军？
4. “岗位学雷锋”要学习雷锋哪些精神？

第四节
开展劳动竞赛和技术技能培训，提升技能水平

多年来，工会和企业通过开展多种形式的劳动竞赛、职业技能竞赛，创造和推广了新的生产技术和操作方法，在帮助职工掌握先进技术、先进设备和先进工艺，不断提升技能层次，不断增强职工的创新意识，全面提高职工的技能和创新水平方面，发挥了重大作用；通过职业技能

竞赛，更增强了广大职工的集体主义精神，充分调动了广大职工的积极性、创造性，激发了职工的凝聚力和向心力，增强了职工的主人翁意识，对于提高劳动生产率和企业经济效益发挥了重大的推动作用。

围绕经济社会发展和科技进步的要求，动员广大职工积极参与劳动竞赛，是实施素质建设工程，扎扎实实落实五年规划目标而实施的重要举措。

《规划》明确指出：围绕国家重大建设工程项目和国家区域发展重大战略的实施，深入开展重大工程劳动竞赛、促进区域发展示范性劳动竞赛和“振兴杯”劳动竞赛。围绕加快转变经济发展方式，不断深化竞赛内容，引导广大职工立足本职岗位节能减排，深化在电力、煤炭、钢铁等高耗能、高排放行业中开展重点行业节能减排达标竞赛活动。组织职工广泛参与合理化建议和小发明、小创造、小革新、小设计、小建议“五小”活动。继续推动非公企业劳动竞赛工作。深入开展以创建“工人先锋号”为载体的班组竞赛活动，把竞赛活动与企业生产经营相结合，与企业技术进步相结合，引导职工学习新知识、钻研新技术、使用新方法。

推动劳模创新工作室创建工作深入发展，增强劳模创新工作室的创新攻关能力、人才培养能力、集成创新能力，发挥劳模创新工作室的综合效应。全总出台《全国示范性劳模创新工作室管理办法》，对“全国示范性劳模创新工作室”实行动态管理。

进一步加强中国职工技术协会组织建设、队伍建设、能力建设、机制建设、信息化平台建设和职业技能实训基地建设。深入开展职工技术培训、技术攻关、技术协作、技术咨询、技术服务、科普教育和国际交流活动。扎实做好职工技术创新成果评比、推荐、展示、交流、推广和转化等工作。

充分发挥产业工会作用，广泛组织动员不同行业、不同领域、不同类型的企事业单位开展岗位练兵、技术比武等活动。

一、积极围绕“重大工程”开展劳动竞赛

国务院总理李克强在主持召开“十三五”《规划纲要》编制工作会议时指出，《规划纲要》必须聚焦发展重点、明确有效抓手。通过实施一批重大工程和重大项目，抢占事关国家竞争力的战略制高点，提供更优质、更多样的公共产品和服务。要围绕增强国家综合实力，在科技前沿、信息强国、高端装备、战略性新兴产业发展等方面建设一批重大工程。要着眼提升基础支撑能力，在交通设施、新型城镇化、现代农业、能源开发、网络提速、生态环境治理等方面实施一批重大项目。

因此，各级工会组织要积极围绕国家重大建设工程项目和国家区域发展重大战略的实施，深入开展重大工程劳动竞赛、促进区域发展示范性劳动竞赛和“振兴杯”劳动竞赛，为国家改革发展助力。

同时，也要应对当前经济转型，加快转变经济发展方式的时代形势，不断深化竞赛内容，引导广大职工立足本职岗位节能减排，深化在电力、煤炭、钢铁等高耗能、高排放行业中开展重点行业节能减排达标竞赛活动。

1. 积极开展“工人先锋号”创建活动

“工人先锋号”创建活动是全国总工会在全国部署开展的一项重大活动。它是以创一流工作、一流服务、一流业绩、一流团队为内容，以发挥榜样作用、争创先进团队为途径的劳动竞赛活动。深入开展创建“工人先锋号”活动，有利于激发职工立足本职、钻研技术、创新管理、提高效益的工作热情和创造活力，充分发挥“工人先锋号”的示范、引领和激励作用，有利于扎实推进生产质量的进一步提高，团结动员广大

职工进一步增强主人翁责任感，为企业发展作出更大贡献。

2. 广泛开展“五小”活动

“五小”活动是工会组织职工开展的以提出合理化建议、技术革新、技术协作为内容的小发明、小创造、小革新、小设计、小建议五项活动。

“五小”活动引导职工从“小”做起，立足本职岗位；引导职工爱岗敬业、刻苦学习、勇于创新、争创一流、甘于奉献。“五小”活动开展多年来，为广大职工施展聪明才智提供了平台。它引导职工关心企业发展，在生产实践中动脑筋、想办法，解决生产岗位上存在的问题。“五小”活动中提出的许多科研项目填补了国内空白，一大批青年职工成为各行各业的技术标兵、操作能手和模范工作者。“五小”活动为推动企业技术进步，提高经济效益作出了贡献。

3. 深入开展多种形式的职业技能竞赛

职业技能竞赛是充分调动广大职工积极性和创造性的一种有效手段，是职工学技术、练本领的重要方式，也是企业和工会为提升职工技术技能素质采用的最直接、最有效的方式之一。

职业技能竞赛具有群众性、广泛性、民主性的特点。职业技能竞赛为职工提供了一个广阔的舞台。职业技能竞赛不仅让职工获得了相应的物质利益，也有力地促进了职工技术技能素质的提高，激励职工发挥聪明才智，把蕴藏在职工群众中的智慧、积极性和创造力发挥出来，从而使职工产生了对工作的热情和进取心，创造更好的成绩，作出更大的贡献。因此，深入开展职业技能竞赛，可以激发职工主人翁意识，有力地推进人才选拔和培养，全面提升职工队伍业务素质，保障企业可持续健康发展。

各行业和企业也要将开展职业技能竞赛作为激励职工提高岗位技能水平的主要手段。职业技能竞赛的规模可大可小，可以是行业内的竞赛，还可以在班组间开展小型竞赛。比如，可以根据工作把班组全体人员分成若干组，每组负责一部分，看在规定的时间内哪一组完成得质量最高、速度最快。这种小型劳动技能竞赛不仅有助于改善枯燥乏味的工作氛围，也可以防止职工在劳动中出现懈怠情绪，提高工作的效率和质量。

二、积极创建劳模创新工作室

创新是企业发展的源泉。创新工作室是新形势下的时代产物，凝聚着广大职工的智慧和力量，是新的生产力代表符号。

劳模创新工作室是以劳模的名字命名，由劳模“担纲领衔”，工程技术人员和职工“唱主角”，以生产经营活动、技能人才培养和攻克工作中重点、难点问题为主的创新工作团队，是企业管理创新、技术创新和机制创新的“发射源”，对企业发展有着举足轻重的影响。特别是在当前成本竞争的微利时代和产能过剩的大环境下，组织开展以创新为主旋律的生产经营活动，对科技进步支撑产业发展、实现资源综合利用、发展循环经济、提高企业市场竞争力，实现个人价值与企业发展的最大结合有着十分重要的意义。

当前，各单位积极创建劳模创新工作室，要注意以下几点：

（1）要不断弘扬劳模精神。劳模创新工作室的主创人员是各层级劳动模范，展示新时代劳模风采，让劳模精神在企业发扬光大，把劳模精神转化为企业职工共同的精神财富是劳模创新工作室的首要任务。

（2）要积极培养职工的创新意识。创新是企业发展的不竭动力。劳模创新工作室要把创新文化土壤的厚植和职工创新意识的培养作为主要任务之一，在创新氛围的营造和职工创新智慧的培养上下功夫。以劳模创新工作室为基地，组织职工开展技术创新成果展、技术攻关讲座、新产品研发交流等活动，引导职工从日常工作中的问题入手，大胆进行改进，使更多的职工在学与思中接触创新、习惯创新、实践创新，在企业营造出“处处是创新之地、人人是创新之源、时时是创新之机”的氛围。

（3）要持续提升职工素质。在日常工作中，要把各车间工程技术人员、生产一线中的“小诸葛”等跨工种、跨行业集中起来，成立技术创新攻关小组，在劳模创新工作室内定期学习“充电”，开展技术交流和课题攻关探讨活动，研究生产中亟待解决的难题，集思广益破解新产品研发中的壁垒问题，使职工的学习行为由被动学习、被动培训，转到根据创新需求有针对性地学习，做到学以致用。有意识地给工程技术人员、生产骨干交任务、压担子，给他们定目标、提要求。鼓励工程技术人员在技改创新中担纲领衔，知难而进，勇挑重担。

（4）切实促进科技成果转化。坚持“产学研”相结合，让创新为发展之路导航是劳模创新工作室的终极目标。在日常工作中，劳模创新工作室要重点抓导向，引导工程技术人员围绕节能减排、增收节支、工艺优化、设备改进、技术经济指标提升等活动开展创新；抓核心，组织工程技术人员集中研究解决制约影响生产的技术难题和“瓶颈”问题；抓对接，想方设法为职工群众中涌现出的“金点子”提供实践机会，着力在加速科技成果转化上求突破，最大限度地把技术优势转化为竞争优势，满足企业发展和职工个人成长成才的需要。

三、通过技术技能培训，推出各类技能人才

职业技术技能是按照国家职业分类和职业技能标准进行的规范性培训。国家规定一些职位必须经过职业培训，获得技能等级证书后方可上岗。

当前，要进一步加强中国职工技术协会组织建设、队伍建设、能力

建设、机制建设、信息化平台建设和职业技能实训基地建设。深入开展职工技术培训、技术攻关、技术协作、技术咨询、技术服务、科普教育和国际交流活动。扎实做好职工技术创新成果评比、推荐、展示、交流、推广和转化等工作。

同时，要充分发挥产业工会作用，广泛组织动员不同行业、不同领域、不同类型的企事业单位开展岗位练兵、技术比武等活动。

职业培训的种类包括初级、中级、高级职业培训，劳动预备制度培训，再就业培训和企业职工培训。职业培训依据职业技能标准，培训的层次分为初级、中级、高级职业培训和其他适应性培训。培训工作主要由工会系统职工学校、技工学校、就业训练中心、社会力量办学等各级各类职业培训机构承担。

除了多种形式的劳动技能竞赛，职业技能培训，还可以通过岗位练兵和积极推广“首席技师”“金牌工人”、劳模和技能人才工作室等做法，组织职工学绝技、练绝活，培养和造就更多的“能工巧匠”“操作能手”“技术标兵”和“技术工种带头人”，加快培养企业急需的知识技能型、技术技能型、复合技能型人才，形成梯次合理、素质优良、新老衔接、能够适应科技发展和技术进步要求的技能人才队伍，为推动经济发展方式转变和经济结构调整提供人才支持。

综上所述，在市场经济条件下，新的形势、新的环境对劳动技能竞赛提出了更高的要求。要积极探索产教结合的人才培养模式，满足企业发展对专业技术人才的需求。对新形势下劳动技能竞赛赋予新的形式和新的内涵，就需要我们在继承过去好的传统和经验的基础上，认真研究劳动技能竞赛实施过程中各个环节、各个要素的特点，不断为其注入新的活力，使之在继承中发展，在改革中创新。

另外，劳动技能竞赛的时间、地点、工程项目特点不同，决定了其竞赛规则、形式、内容也有所不同，因此，不能千篇一律、生搬硬套，必须做到求实创新。要把开展劳动竞赛活动融入企业中心工作中去，紧紧围绕企业生产经营和人才资源开发的需要，坚持全员参与、科学培训、重点突破、注重实效的原则，这样，才能使劳动竞赛深入人心，空间广大，富有生机和活力，实现各类技术技能劳动竞赛、岗位练兵活动全面覆盖。

问答题

1. 为什么要围绕重大工程开展劳动竞赛？
2. “工人先锋号”创建活动的具体内容是什么？
3. “五小”活动指的是什么？
4. 当前，积极创建劳模创新工作室应当如何做？
5. 职业培训的层次是什么？由什么机构承担？

第五节
开展民主法治宣传，释放“正能量”

法治社会的基本精神，就是任何组织或者个人都必须在宪法和法律范围内活动，任何公民、社会组织和国家机关都要以宪法和法律为行为准则，依照宪法和法律行使权利或权力、履行义务或职责。

党的十八大报告指出：必须坚持党的领导、人民当家做主、依法治国有机统一，以保证人民当家做主为根本，以增强党和国家活力、调动人民积极性为目标，扩大社会主义民主，加快建设社会主义法治国家，发展社会主义政治文明。报告再次确认，法治是党领导人民治理国家的基本方式，建设社会主义法治国家是实现中国梦的基本保障。

当前，以工会为桥梁深入开展民主法治宣传教育活动意义重大。

《规划》明确指出：以“六五”普法验收和开展“七五”普法为抓手，以学习宣传贯彻党的十八届四中全会精神、弘扬社会主义法治精神为主线，以《宪法》《劳动法》《工会法》《劳动合同法》《妇女权益保障法》等法律法规宣传教育为重点，把在广大职工中开展法治宣传教育活动不断引向深入。把集中宣传与日常宣传有机结合起来、学法与用法有机结合起来、普遍性宣传与在农民工集中的地方和企业进行重点宣传有机结合起来，加强普法宣讲团、志愿者队伍建设，送法下基层、进企业，积极开展“法治宣传月”“法治宣传周”、法律知识大讲堂、法律知识竞赛等各种形式的法律宣传服务活动。推动地方工会开通普法网站和微博，开设职工法律咨询热线，建立职工法律援助中心。落实好《中华全国总工会法律人才队伍建设三年规划（2014—2016 年）》，大力培养工会系统法律人才。

加强职代会、厂务公开、集体合同等民主管理和集体协商知识的普及与培训，增强职工民主素养。组织职工参与厂务公开、职代会等民主管理和民主监督工作，依法履行民主权利。动员广大职工全过程参与集体协商工作，使集体协商内容真正反映职工的意愿。

一、深入推进法治宣传教育活动，突出普法工作重点

1986 年，党中央宣布全国普法开始，每五年为一个制定周期。2016 年是“七五”普法工作的启动年，也是“六五”普法工作的验收年。

可以说，通过深入扎实的法制宣传教育和法治实践，达到了深入宣传宪法，广泛传播法律知识，进一步坚定法治建设的中国特色社会主义

方向，提高全民法律意识和法律素质，提高全社会法治化管理水平，促进社会主义法治文化建设的目的，推动形成了自觉学法、守法、用法的社会环境。

当前，各级工会组织进行法治宣传教育工作，要做好以下几点：

（1）根据各地实情，有针对性地研究制定“七五”普法目标和计划。坚持“突出重点、目标明确、科学实用”的原则，制定适应工会组织特点，符合工会干部和职工需求的普法规划，明确“七五”普法期间工会普法工作的指导思想、目标任务、步骤措施，有效确保普法工作的开展有章可循，有的放矢。

（2）不断创新举措，丰富和完善法治宣传教育内容和形式，持续增强普法工作吸引力。突出重点，充分利用网络开展普法宣传教育活动，推动构建工会系统普法宣传教育互联网平台。借助“中国工会普法网”这一平台，积极发动职工和工会干部运用网络进行工会普法宣传教育。

（3）开展“互联网+法治宣传”行动，把新媒体普法平台建设摆在更加突出位置。各级工会要积极利用工会普法微信公众号“劳法聚焦”开展多种形式法治宣传活动。要充分运用“中国工会普法网”和“劳法聚焦”微信公众号的在线服务功能，努力实现服务方式网络化，不断增强在线法律咨询和服务能力，提高与职工群众的互动性，逐步推动实现线上线下法律服务的结合互补，为职工提供更高效、更便捷、更贴心的法律服务。

（4）紧密结合工会各项业务工作开展普法宣传，加强分类指导。将普法宣传与工会业务工作结合起来，在开展工会业务工作中普及法律知识，在普法过程中宣传工会业务职能，形成职责明确、运行有序、配合有力、协调高效的工会“大普法”工作格局。加强对各级工会干部普法教育工作，不断提高其运用法治思维和法治方式开展工作的能力和水平，逐步推广工会干部研究式学法、职工互动式学法的普法宣传模式。加强针对广大农民工的普法教育，着重培育、提高农民工的法治意识和维权能力。继续开展“送法到基层”活动。根据全国普法办部署，组织开展工会系统“国家宪法日暨全国法制宣传日”主题活动。

（5）不断推进法治文化建设。加强对法治文化建设的指导。推动将法治文化建设纳入现代公共文化服务体系，促进法治文化与地方文化、行业文化、企业文化融合发展，充分发挥法治文化的引领、熏陶作用。总结和培育法治文化建设先进典型，组织经验交流和宣传推广，发挥典型引路、以点带面作用。支持和引导法治文化作品的创作传播，下大气力推出法治文化精品，组织开展法治文艺展演展播，满足人民群众日益增长的法治文化需求，不断提高渗透力和覆盖面。推进法治文化阵地建设。从实际出发，因地制宜建设法治文化中心、法治广场、法治公园等阵地，运作一批看得见、摸得着的法治文化项目，完善基层法治文化公共设施。

为确保普法成效，各级工会要坚持面向基层、贴近职工的原则，结合工作实践，以职工群众喜闻乐见的形式，做好法律宣传工作。送法律到企业、到车间班组，把学法与用法有机结合起来，保障普法活动取得实实在在的效果。工会组织开展普法活动，要以劳动法律为重点，以农民工为重点对象，切实提高广大职工的法律意识，增强职工理性合法有序地表达利益诉求和依法维权的能力与水平。工会要根据职工特别是农民工自身特点，从正确评价、清晰分辨违法行为入手，结合案例，让农民工自己分析行为的对与错，把法律条文与违法行为相对比，使农民工直观地认识到行为与法律之间的关系，继而达到普及法律知识、知法守法、维护自己合法权益的目的。要考虑到有些农民工自我约束能力差，知法后仍有放松要求、“旧病复发”的反弹现象出现，结合反复发生的重点问题，进行再一轮教育工作，实施不断强化教育。如此常抓不懈，使农民工的法律意识不断加强，企业各方面的建设也得到稳固发展。

另外，还可以通过多种形式，实现职工的法制宣传教育，如：有针对性地举办法制图片展览、开展法律知识咨询等活动，以及以《劳动法》《工会法》等法律法规制定或颁布周年纪念日、“12·4”全国法制宣传日等为契机，举办各类普法宣传教育活动等。

二、加强立法源头参与，构建完善的法律体系

当前和今后一个时期，工会参与立法的重点是：在推动职工劳动经济权益法律保障体系建设方面，要积极参与和推动《社会保险法》《企业工资条例》等法律法规和司法解释的制定。《社会保险法》出台后，工会要积极推动制定《养老保险条例》《医疗保险条例》《生育保险条例》等相关配套法规。在推动健全职工民主政治权利法律保障体系方面，要积极推动并参与制定《企业民主管理条例》，完善职代会制度和职工董事、职工监事制度。在推动工会活动法律保障体系建设方面，积极推动修改《工会法》，从工会组织建设、职能发挥、工会干部权益保障、工会经费收缴及工会财产保护等方面进一步完善现有法律。各级工会要加大源头参与力度，完善立法参与机制，扩大工会话语权，充分发挥工会的组织优势，建立健全与人大、政府和司法机关的联席会议制度，完善协调劳动关系三方机制和工会法律顾问委员会制度，通过多方面、多层次的沟通协调，力争把关系职工切身利益的法律法规和政策纳入立法规划和计划。

在劳动争议调解组织建设和制度建设方面，要加大工作力度，完善调解机制，创新调解方式，充分发挥调解在劳动争议处理中第一道防线的作用，形成多层次、广覆盖的调解网络和优势互补的调解格局，最大

限度地将劳动争议化解在基层。尚未建立工会的企业，要将工会组建与劳动争议调解委员会建立同步推进。已经建立工会的企业，要督促企业依法建立、健全劳动争议调解委员会，落实调解人员，完善调解制度。地方工会、产业工会要积极推动区域性、行业性劳动争议调解组织建设，贯彻三方原则，积极参与劳动争议仲裁工作。

1. 依法组织职工积极参与企业民主管理

《宪法》规定："人民依照法律规定，通过各种途径和形式，管理国家事务，管理经济和文化事业，管理社会事务。""国有企业依照法律规定，通过职工代表大会和其他形式，实行民主管理。""集体经济组织实行民主管理，依照法律规定选举和罢免管理人员，决定经营管理的重大问题。"《劳动法》规定："劳动者依照法律规定，通过职工大会、职工代表大会或者其他形式，参与民主管理或者就保护劳动者合法权益与用人单位进行平等协商。"《工会法》规定，工会依照法律规定通过职工代表大会或者其他形式，组织职工参与本单位的民主决策、民主管理和民主监督。《企业法》规定，"企业工会组织职工参与民主管理和民主监督"，并对职工代表大会的性质、内容、职权作出了明确规定。《公司法》规定："公司依照《宪法》和有关法律的规定，通过职工代表大会或者其他形式，实行民主管理。"《劳动合同法》规定，用人单位在制定、修改或者决定有关直接涉及劳动者切身利益的规章制度或者重大事项时，应当经职工代表大会或者全体职工讨论。同时，各地积极推进企业民主管理法制化建设。

我国企业民主管理的主要形式有：

（1）职工代表大会制度。职工代表大会是企事业单位实行民主管理的基本形式，工会是职工代表大会的日常工作机构。职工代表大会主要有五项职权：审议企业经营重大决策；审查同意或否决有关职工切身利益的重大事项；审议决定职工生活福利方面的重大问题；评议、监督企业领导人员；民主推荐或选举厂长（经理）等企业管理人员。

正是由于职工代表大会制度这种参与管理的性质决定了职工代表大会成为企业民主管理的基本形式，同时还决定了它具有广泛的适用性，适用于所有企事业单位。随着非公有制经济的蓬勃发展，在小型非公有制企业集中的乡镇（街道）、村（社区）、开发区、科技园区、工业园区，基层工会大力推动建立联合职代会或区域（行业）职代会制度，协商解决带有共性的问题，审议通过区域（行业）集体合同、工资集体协议草案等。

（2）厂务公开制度。厂务公开是企事业单位依照有关法律法规规定，将与本单位发展和广大职工切身利益密切相关的重要问题，通过职工代表大会、公开栏等形式向广大职工公开，组织职工参与企业决策、管理和监督的民主管理制度。厂务公开的内容主要包括企业重大决策问题、企业生产经营管理方面的重要问题、涉及职工切身利益方面的问题、与领导班子建设和党风廉政建设密切相关的问题。

2002 年 6 月，中共中央办公厅、国务院办公厅下发了《关于在国有企业、集体企业及其控股企业深入实行厂务公开制度的通知》，对厂务公开的重要意义、指导原则、总体要求、主要内容、实现形式和组织领导等作出了具体规定，提出了明确要求。

多年来，中央和地方始终高度重视厂务公开工作，由中央纪委、中央组织部、监察部、国务院国资委、全国总工会和全国工商联 6 个单位组成全国厂务公开协调小组，各地普遍成立厂务公开领导机构。形成了党委统一领导、有关方面齐抓共管、职工群众广泛参与的领导体制和工作机制，有力地推动厂务公开工作的全面开展。

（3）职工董事、职工监事制度。职工董事、职工监事是依照法律规定，通过职工代表大会（或职工大会及其他形式）民主选举一定数量的职工代表进入董事会、监事会，代表职工行使参与企业决策权利、发挥监督作用。进入董事会的职工代表称为职工董事，进入监事会的职工代表称为职工监事。

《公司法》规定：“两个以上的国有企业或者两个以上的其他国有投资主体投资设立的有限责任公司，其董事会成员中应当有公司职工代表；其他有限责任公司董事会成员中可以有公司职工代表。董事会中的职工代表由公司职工通过职工代表大会、职工大会或者其他形式民主选举产生。”“监事会应当包括股东代表和适当比例的公司职工代表，其中职工代表的比例不得低于三分之一，具体比例由公司章程规定。监事会中的职工代表由公司职工通过职工代表大会、职工大会或者其他形式民主选举产生。”

（4）其他民主管理制度。结合实际，一些地方和企事业单位还积极开展职工民主管理委员会、民主议事会、劳资恳谈会、民主协商会等内容丰富、形式多样的民主管理活动。

2. 大力加强平等协商和集体合同制度建设

工资集体协商是工会依法履行基本职责，协调劳动关系的重要手段，是实行平等协商和集体合同制度的核心内容，是工会集体协商工作的重点。工会推进工资集体协商，应当推动形成党政主导、三方指导、工会力推、各方配合、企业和职工参与的工资集体协商工作格局，构建市场机制调节、企业自主分配、平等协商共决、政府监控指导的企业分配新体制，借助社会力量与发挥工会优势、提高能力素质并举。要充分发挥各级协调劳动关系三方机制重要作用，积极借助和依托三方机制平台，形成合力推进的局面。同时，整合工会内部资源，密切相互配合，积极提升职工参与工资集体协商的整体素质，为提高工资集体协商质量奠定深厚的群众基础。

（1）充分认识开展工资集体协商工作的重要意义。工资，涉及企业和职工双方共同利益，是劳动关系的核心内容。对职工来说，工资收入是职工生活的主要来源，是职工劳动权益和经济利益的核心；对企业来说，工资是人工成本的组成部分。在市场经济条件下，企业投资经营者追求资本利润最大化和职工追求劳动报酬最大化，这构成了劳动关系矛盾的突出问题。开展工资集体协商是适应社会主义市场经济的要求，树立以人为本的科学发展观，建立现代企业制度，维护职工经济利益和保障企业合法权益，促进劳动关系稳定，建设社会主义和谐社会的需要。

开展工资集体协商，对于促进逐步提高劳动报酬在初次分配中的比重，提高劳动者的工资收入，进而提高消费能力、拉动内需，加快我国经济发展方式的转变，有着积极的促进作用。我们要通过工资集体协商，建立起适应社会主义市场经济要求的企业工资分配共决机制和正常调整机制，依法保障职工参与工资分配和获得合理劳动报酬的权益，实现劳动关系双方互利共赢，共创和谐企业，确保广大职工共享改革开放和社会主义现代化建设的成果。

（2）加大宣传力度，营造工资集体协商工作的良好社会氛围。充分发挥广播、电视、报刊等新闻媒介的作用，通过开展工资集体协商宣传月、宣传周、宣传日等活动，采取各种人民群众喜闻乐见的方式方法，加大宣传力度，重点宣传党中央、国务院关于建立集体协商制度、推动企业建立职工工资集体协商机制、正常增长机制和支付保障机制的重要部署，国家法律法规的相关要求，以及各地、各级工会开展工资集体协商、维护职工权益和社会稳定的重要举措、成功经验、积极作用和各类企业的具体方法和取得的成效，提高社会各界对工资集体协商的认知度，努力传播“集体协商”促和谐的理念，广泛凝聚“工资调整靠协商”的社会共识，为推进工资集体协商营造良好的社会环境。

（3）明确工资集体协商的指导思想、原则、目标、任务和举措。当前和今后一个时期，各级工会要按照全国总工会作出的总体部署，明确指导思想、坚持协商原则，围绕目标任务，振奋精神、多措并举，努力推动各类企业普遍开展工资集体协商工作。

工会推进工资集体协商工作的指导思想：以邓小平理论和“三个代表”重要思想为指导，全面贯彻科学发展观，坚持中国特色社会主义工会发展道路，贯彻落实中国工会维权观和“组织起来、切实维权”工作方针，坚持按劳分配为主、多种分配方式并存和劳动、资本、技术、管理等生产要素按贡献参与分配的制度，按照建立“市场机制调节、企业自主分配、平等协商共决、政府监控指导”的企业工资分配体制的要求，积极推动建立以工资集体协商制度为主要形式的企业职工工资共决机制，推动形成企业职工工资正常增长机制和支付保障机制。

工会推进工资集体协商工作的基本原则是：“促进企业发展，维护职工权益”，依法推进、因地制宜，平等协商、互利共赢，统筹兼顾、共享成果，主动作为、维护和谐稳定。要坚持公平与效率相统一；坚持促进企业发展与维护职工权益相统一；坚持企业自主分配与平等协商共决相统一；坚持实施要约行动，重在工会主动要约；坚持依法开展协商，有序解决分歧。

工会推动企业建立工资集体协商制度的目标任务是：建立和完善企业职工工资集体协商制度、职工工资正常增长机制和支付保障机制，理顺企业内部工资分配关系，扭转企业内部收入分配差距不合理扩大的趋势，调动企业和职工两方面的积极性，促进经济发展与社会和谐。力争到2012年实现工资集体协商制度基本覆盖各类企业，基本覆盖企业职工。

工会推动企业建立工资集体协商制度的工作思路：既要推进量的突破，又要注重质的提升。把开展工资集体协商作为工会维权机制建设的核心内容，强化源头参与，建立工作格局，加强舆论宣传。以深入开展区域性行业性工资集体协商为突破口，以实施工资集体协商要约行动为抓手，以建设工资集体协商指导员队伍为基础，以健全完善相关制度为保障，将“共同约定行动”与集体协商紧密结合，大力推动工资集体协商制度扩大覆盖面、增强实效性。

（4）突出重点，分类指导，创新形式，多措并举，务求实效。在推动各类企业开展工资集体协商工作中，各级工会组织要把推动开展行业性工资集体协商作为工作重点，推动建立劳动定额、工时工价的协商共决机制。适应很多地区块状经济、集群经济发展的特点和中小企业开展工资集体协商难的实际，根据同行业、同区域职工相同或者相似利益诉求，开展行业性、区域性工资集体协商，有效解决一些非公企业、中小企业工会在与企业进行工资集体协商中“不敢谈”“不善谈”等问题。要明确行业性工资集体协商的主体，把握协商范围，选好协商代表，突出协商重点，规范协商程序，进一步扩大覆盖面、提高实效性。例如，江苏、浙江、北京等地在实践中形成的区域谈底线、行业谈标准、企业谈增长的工作思路，取得了很好的效果。

要加强对不同规模、不同所有制、不同经营状况企业进行分类指导。对生产经营正常的企业，要突出协商工资增幅和福利待遇，建立工资正常增长机制；对生产经营困难的企业，要突出协商工资支付保障，建立工资支付保障机制；对国有企业和国有独资企业、股份制企业，要突出理顺按劳分配和按生产要素分配的关系，提高职工工资在企业工资分配中的比重。当前，要针对外商投资、港澳台资、民营企业等非公有制企业工资集体协商覆盖面不宽、作用不明显的实际，采取有力措施，切实加以推进。认真落实国家协调劳动关系三方提出的推进集体合同制度的彩虹计划，努力提升质量、拓展形式、深化内容，抓住机遇、乘势而上，推动工资集体协商工作迈上一个新台阶。

工资集体协商的形式主要有企业工资集体协商、行业性工资集体协商和区域性工资集体协商。在特殊的社会背景下，集体协商会呈现出不同的时代特点和协商形式。例如，为应对国际金融危机给企业带来的困难，2008 年 12 月，全国总工会倡导在各类企业中广泛开展“共同约定行动”。“共同约定行动”是国际金融危机形势下特殊的集体协商形式。“共同约定行动”以保岗位、保工资、实现“稳员增效”为重点，一方面，动员职工立足本职，为企业发展献计出力，与企业共同应对危机；另一方面，促使企业履行社会责任，尽可能不裁员、不减薪，形成企业关爱职工、职工关心企业，劳动关系双方同舟共济、共谋发展的良好社会环境。在开展“共同约定行动”过程中，工会将“集体协商要约行动”寓于“共同约定行动”之中，围绕企业的工资分配提出符合企业实际、兼顾双方利益的要约内容，着力破解劳动关系中的突出矛盾和问题，促使企业与职工抱团取暖，共渡难关，促进社会和谐稳定。

为切实打造集体协商的“升级版”，全国总工会 2014 年已先后下发《关于提升集体协商质量增强集体合同实效的意见》和《深化集体协商工作规划（2014—2018 年）》，明确从 2014 年起，用 5 年时间实现“在集体协商建制率动态保持在 80% 的基础上，集体合同所覆盖职工对集体协商的知晓率达到 90%，职工对开展集体协商和签订集体合同工作的综合满意度稳步提高”。

（5）加强职工集体协商代表培训，提高职工集体协商代表素质。工会工资集体协商工作涉及面广，政策性和专业性强。为了提高职工方工资协商人员的能力素质，各级工会领导机关要加大培训、指导和服务的力度，使职工集体协商代表具备一定参与工资集体协商的专业知识。县级以上工会应当抓紧建立工资集体协商指导员队伍，加快工资集体协商队伍的专业化、职业化建设。可从劳动、工会、企协、企业主管部门或社会上的专家学者和法律界人士中聘请一批熟悉法律、懂得政策、精通业务、善于协商的人员担任工资集体协商指导员，使之真正承担起政策咨询、法律援助、文本推荐或作为上级工会代表直接参与企业工资集体协商等任务。

在加强工资集体协商指导员队伍建设上，一定要把提高工会集体协商指导员和职工协商代表能力，作为推动工资协商机制持续发展的内在需要、增强工资协商成效的关键性环节来抓。要加快队伍专业化、职业化建设步伐，建立完善各种工作制度，实施动态管理。在培训的过程中，可以结合职工工作、生活实际，采取灵活多样的方式，将定期培训与不定期培训相结合。同时，改进教学内容和方法，有条件的可以采取工资模拟谈判培训，也可以召开工资协商现场会、观摩会，把理论业务培训与实际工作指导结合起来，增强培训效果，尽快提升职工集体协商代表的协商能力和水平，进而提高以工资为重点的集体协商的质量，扩大集体协商的成效。

问答题

1. 当前，深入开展民主法治宣传教育活动的抓手、主线和重点是什么？
2. 我国普法工作从哪一年开始？2016 年普法工作属于哪一普法阶段？
3. 我国企业民主管理的主要形式有哪些？
4. 职工代表大会制度的含义是什么？有哪些职权？
5. 什么是厂务公开制度？厂务公开的内容主要包括哪些方面？
6. 董事会中的职工代表通过何种形式产生？

7. 实行平等协商和集体合同制度的核心内容是什么？

8. 工会推进工资集体协商工作的基本原则是什么？

9. 工会推动企业建立工资集体协商制度的目标任务是什么？

10. 工资集体协商的形式主要有哪些？

11. 当前，各级工会开展普法工作的重点有哪些？

第六节
开展安全生产和职业病防治教育活动，关注安全与健康

职工的健康、安全和卫生，直接关系广大职工的根本利益，关系国家的改革发展和社会稳定，因此，要高度重视职工健康安全卫生素质的建设，通过多种形式和途径，广泛深入开展群众性安全生产和职业病防治教育活动。

《规划》明确指出：广泛开展“安康杯”竞赛活动，推进企业安全文化建设。在各类企业广泛开展职工安全生产、职业病防治以及女职工“四期”保护教育，引导职工提高安全意识和职业健康意识，自觉遵守安全生产制度，严格执行作业标准。及时总结和推广企业安全生产经验典型，监督企业落实劳动保护条例。

一、积极开展“安康杯”知识竞赛活动

知识竞赛是以竞赛测验的方式，深化和考察职工知识掌握情况，锻炼、提高职工智力技能的行为过程或活动方式。知识竞赛的形式生动、

方法灵活、作用直接，因而有独特的吸引力和感染力。

“安康杯”知识竞赛是全国总工会和国家安全生产监督管理总局在全国企事业单位开展的，以“以人为本、安全发展、提高素质、促进和谐”为主题的知识竞赛。“安康杯”知识竞赛取“安全”和“健康”之意而设立，是把竞争机制、奖励机制、激励机制应用于安全生产活动中的群众性“安全”与“健康”的知识竞赛。

“安康杯”知识竞赛开展多年来，吸引了广大职工积极参与，对职工的安全生产知识的普及和职业健康素质的普遍提高起到了重要作用。工会可以借助“安康杯”知识竞赛这个平台，更积极地组织动员广大职工参与，加强职工安全生产的法律法规、政策宣传和知识普及，引导职工增强安全生产责任感，自觉遵守安全生产制度，推进安全生产实践。

二、提高职工健康安全卫生意识，加强职业病防治

提高职工健康安全卫生意识，加强职业病防治的工作重点，是在职工中普及安全健康卫生知识，提高职工职业安全卫生意识和职业病预防能力，增强职工劳动保护、安全卫生、女职工“四期”保护和身心健康的认知水平。

提高职工健康安全卫生意识，可以从以下方面入手：

（1）加大培训力度，搞好职工安全健康卫生教育，使职工不断接受新的知识，提高业务水平，以适应新的不断变化的工作和环境。

（2）做好思想工作，不断提高职工的安全健康卫生意识和责任心，在职工中广泛开展批评与自我批评，做到相互监督，相互促进，将一切影响安全、健康、卫生的不良因素消灭在萌芽状态。

（3）认真开展安全健康卫生活动，搞好职工安全健康卫生教育，使职工的安全健康卫生观念从“要我安全健康卫生”演变为“我要安全健

康卫生”。

三、企业全方位健全安全生产监管制度

企业做好安全生产工作必须从全局抓起，从源头抓起，摆上日程、纳入规划，进一步加大组织建设和制度建设力度。

（1）要确立“安全、健康、文明”的核心理念。也就是说，抓安全工作不仅是满足员工对安全健康的基本要求和热切期望，也是组织文明生产，实施员工素质工程，为员工创造文明、健康、良好的作业环境的需要。员工个人不仅要自主保安，还要主动关爱他人，实现互保联保。

（2）要建立健全全员监督组织体系。为适应安全生产中出现的新情况、新问题，必须建立健全员工群众安全监督网络，形成各级安全网络管理及组织体系，员工群众安全组织要处理好日常的员工群众监督管理和宣传、接待等工作，把员工群众反馈的各类隐患及时上报相关部门，并督促整改。

（3）要完善各类人员的安全责任制，强化各级领导和员工的安全责任制教育。无论社会经济形态如何变，外部市场如何变，各级领导和员工在安全生产上承担的责任是不能改变的。无论在什么情况下，都要认真负责地搞好安全生产，把安全责任制落到实处，落实在每个岗位、每个员工头上，使每个员工明白自己应负的安全责任，树立起安全是我的责任的思想，各司其职，各负其责，抓好每个环节，堵住安全漏洞。

（4）建立员工群众测评制度，充分发挥员工的主人翁作用。对基层单位的群众安全工作情况，要组织有关人员组成检查小组，深入基层，倾听员工对劳动环境、劳动条件和劳动保护的意见、建议和要求，使安全生产、劳动保护工作始终处于员工的民主监督之中。

问答题

1. 职工健康安全卫生素质建设可以通过哪些主要途径？

2. 提高职工健康安全卫生意识，加强职业病防治，可以从哪些方面入手？

3. 企业全方位健全安全生产监管制度，要从哪些方面下功夫？

第七节
开展职工文化体育活动，营造良好的文化氛围

《规划》明确指出：推动建立党政工齐抓共管的职工文化建设工作机制，搭建职工群众便于参与、乐于参与的活动平台。以举办“五一”特别节目、职工艺术节和职工摄影、诗词、美术书法、微电影等大赛以及职工运动会等活动为载体，经常性开展丰富多彩的职工文化体育活动。培育一批基层职工文化业余骨干队伍，建设一批以工人文化宫（俱乐部）、职工学校、企业职工文化活动中心为主体的职工文化建设示范阵地，确定一批基层职工文化艺术创作培训基地，推出一批以“中国梦·劳动美”为主题、体现社会主义核心价值观的职工文化艺术活动品牌，打造一批以职工生产生活为题材的文化艺术精品，树立一批常年活跃在基层一线、积极服务职工的职工文化建设工作先进典型。

增强职工的体能素质和心理素质。动员和组织职工积极参加各种形式的体育健身活动。加强对职工的人文关怀和心理疏导工作，引导和督促企业广泛开展心理咨询与培训，开通职工心理咨询热线，开展职工心理健康教育，帮助职工保持健康积极的心态。

一、深刻认识开展职工文体活动的意义

企业的和谐发展，离不开企业的文化建设，而企业的文化建设更离不开企业的文体活动。文体活动作为精神文化生活的主要体现，在促进员工对企业的感情、改善人文关系环境、增强企业凝聚力方面起到积极的作用。

1. **文化体育活动能够提高职工的健康素质**

企业发展一靠人才，二靠科学，既要提高企业的文化素质，又要提高员工的健康素质。在施工企业中，由于单位的性质和任务所决定，大多数员工在远离城市的野外工作，远离父母和妻子、儿女，加上工作压力、家庭压力等，极易产生思想情绪波动。通过开展各种文化体育活动，员工在完成自己的本职工作后，进行业余体育锻炼，既增强体质，又活跃气氛，陶冶情操。工作时间该紧张的时候就要紧张，文体活动时该活泼的时候就应该活泼，这样可以减轻员工工作上的压力和缓解思想上的压抑，从而实现领导与员工、员工与员工之间的团结、亲近和沟通，建立同事之间轻松融洽的和谐关系。

2. **文化体育活动有利于提高职工队伍的素质和战斗力**

开展文化活动提高员工的文化素养、思想觉悟和道德品质，开展体育活动则是提高员工的身体健康素质，觉悟、品质、体质都是企业所需要的整体素质和能力的要求。把开展职工体育活动与企业文化建设有机地结合起来，根据员工的爱好在业余时间开展各种文化体育活动，以满足员工的爱好和要求。通过各种体育比赛，一方面锻炼了大家的意志和顽强拼搏的精神，个人特长得到了发挥；另一方面可改变紧张的工作状态，充分体现出团队的战斗力和活力。

3. **文化体育活动能够促进企业的精神文明建设**

在物质文明和精神文明这两个文明建设中，物质文明与精神文明是

相互关系、互相促进的。在物资条件基本满足的情况下，精神文明起着重要作用。文化体育活动中的竞争和拼搏精神，从某种意义上来说，可以转化为企业的竞争力。通过开展文化体育活动，使广大员工以健康的身体、饱满的热情投入到施工生产和各项工作中。

4. 文化体育活动能够起到稳定队伍、留住人才的作用

丰富职工文化生活也是做好职工思想政治工作的内容之一。开展群众文化体育活动，能够减轻疲劳，愉悦身心，丰富员工业余时间的生活，放松工作中的紧张情绪。通过创造活动条件，改善员工办公和生活环境，使员工有一个良好的环境和娱乐去处，能够真正感受到企业这个大家庭的温暖，从而安心工作，扎根企业，为单位献计献策，为企业发展作出积极的贡献。

二、积极推动企业文化和职工文化建设

企业文化和职工文化体现了一个企业的凝聚力和向心力，直接关系企业和社会的精神文明建设程度。

企业文化是企业长期生产、经营、建设、发展过程中所形成的管理思想、管理方式、管理理论、群体意识以及与之相适应的思维方式和行为规范的总和，是企业领导层提倡、上下共同遵守的文化传统和不断革新的一套行为方式。职工文化是指企业在为满足职工精神文化生活需求，全面提高职工队伍的思想道德素质和科学文化素质、培养职工文明风尚而开展的各种文化活动中形成的文化。

企业文化与职工文化密切联系。职工文化是企业文化建设的核心内容之一，也是企业文化的载体；职工文化活动的开展，将在一定程度上积极地推进企业文化的建设。积极推进职工文化和企业文化建设，将进一步促进企业人文素质的提升，推进企业竞争力的提高，促进企业经济

效益的增长。

随着社会进步，职工的价值观念、审美意识、兴趣爱好等方面较以往发生了很大的变化，职工的文化需求越来越呈现多元化和多层次化的趋势。在职工中积极倡导科学、文明、健康的生活方式，大力开展群众性职工文体活动，可以丰富职工精神文化生活，陶冶职工情操，增强职工体魄，促进职工身心健康。工会可以组织职工观看或者阅读以宣扬社会文明为主题的电影、话剧、书籍，举办以提高职工协作意识、职工文明素质为目的的联欢会、体育竞技比赛；开展以社会主义荣辱观、中国工人伟大品格为内容的辩论赛和场景讨论会等活动；为强化职工文化阵地建设，可整合文化资源，以工人文化宫、俱乐部、职工书屋、活动室等为平台，根植企业、面向职工，打造一批贴近实际、贴近生活、贴近职工的文化精品，不断丰富基层文化体育活动的内涵，满足职工日益增长的精神文化需求。

同时，企业要弘扬以人为本的文化理念，引导职工积极参与到企业文化建设中，发挥职工的主人翁精神，推进企业文化体系建设，推动制度创新，营造一个尊重劳动、尊重知识、尊重人才、尊重创造的良好环境，为企业又好又快的发展提供动力和保证。

三、增强职工的体能素质和心理素质

2009年开始，国家规定每年的8月8日为“全民健身日”。“全民健身日”既是纪念日，又是健身活动日、动员推广日、参与实践日。“全民健身日”的设立，充分体现了党和国家对群众体育需求和群众体育工作的高度重视，为推动群众健身活动的深入开展提供了有力的支持。

职工健身活动是一项长期工作，重在全民性。工会可以通过多种形式，积极动员和组织职工参与全民健身活动，使职工养成健身习惯，增强参与健身的自觉性，全面提高职工身体素质。比如，某工会开展以“职工健身，与健康生活同行”为主题的健身月活动。通过活动，极大宣传了“全民健身，你我同行”和“好体魄、好生活”等健身理念。还可以结合《全民健身计划纲要》的宣传推广，因地制宜、因人制宜地开展各种健身活动，如组织职工开展登山比赛、拔河比赛、保龄球等颇有趣味性的体育活动，以激发职工体育健身的热情，培养职工锻炼身体的良好习惯。除此之外，工会还可以通过增添硬件设施的配备，方便职工进行体育锻炼，督促职工劳逸结合，工作之余，不忘身体素质的锻炼。

同时，需要注意的是：随着社会竞争的日益激烈，人们的心理负担越来越重，工作压力、家庭负担、社会问题，这些使职工心理健康问题越发凸显。工会作为职工利益的代表者和维护者，可以利用自身优势，对职工实施身心健康教育，帮助职工树立正确的世界观、人生观和价值观，培养良好的兴趣爱好，加强职工之家的建设，丰富职工的文化生活，加强人文关怀和心理疏导。在日常工作中，还要时刻关注职工动态，一旦发现职工有不良情绪或过激行为，要积极介入，在第一时间进行情绪疏导，帮助职工自我调节。比如，有些工会为做好职工疏导工作，在企业内部设立心理咨询室。心理咨询室既可以为职工提供心理咨询服务，也为职工搭建了良好的心理治疗平台，及时调节，解决职工心理障碍，使职工能以健康的心态全身心投入工作。还有些工会定期开展卡拉 OK 大赛、球类比赛、短跑等活动，以便职工情绪得到调整和宣泄。

心理疏导，是利用心理学的知识改变人们的心理认知、情绪、行为和意志，来达到消除症状，治疗心理疾病的一种方法。心理疏导的过程，其实质是不断消除内心不和谐因素，有效增加内心和谐，最大限度创造和谐心理的过程。“疏导”不仅建立在对对象的尊重上，而且还应贴近对象的实际需求。

总之，职工健康安全卫生宣传教育活动的形式丰富多彩，在职工健康安全卫生宣传教育活动过程中，要因地制宜、因人制宜，在职工中倡导健康安全卫生理念，普及健康安全知识；引导职工提高安全生产与身心健康意识，自觉遵守安全生产与劳动保护条例，增强职业病防治与安全生产能力；推进各类群众性安全健康卫生教育，提升职工健康生活指数。

问答题：

1. 如何理解开展职工文化体育活动的重要意义？
2. 怎样理解企业文化和职工文化的内涵？
3. 心理疏导的含义是什么？
4. 工会在保证职工身心健康方面应做哪些方面的工作？

第四章

如何有效推进全国职工素质建设工程

全面实施职工素质建设工程，必须加强组织领导、建立经费保障机制、加强职工教育培训基地建设、完善考核激励机制，从而充分调动社会各种资源，不断巩固素质教育成果，确保职工素质建设工程的目标任务和各项工作落到实处。

第一节

切实加强组织领导，筑牢“顶层设计”

加强组织领导，是扎实有序地推进职工素质建设工程的重要保障。《规划》明确指出：推动建立在党委领导下，政府支持、工会牵头、社会参与的职工素质建设工程工作机制。加强与政府部门的沟通协作，推动职工素质建设工程有关政策的制定和落实，积极争取将相关工作纳入国家和地方人才发展规划以及国家高技能人才振兴计划，与有关部门共同部署、合力实施。

一、加强组织领导、形成合力

职工素质建设工程是一项持续时间长的系统工程，是为职工终身学习打造的一个平台，是维护职工生存发展权的一项具体措施，是把科学发展观落到实处的一项重大举措。

职工素质建设工程是工会发挥自身优势，整合社会资源，最终惠及职工的一项民心工程，需要工会发挥组织、领导、协调、沟通作用，建立由各方资源组合的联动机制，广泛挖掘、利用社会行政资源、教育资源，形成合力，全面推进。

为加强对全国职工素质建设工程的领导与协调，全国总工会成立了全国职工素质建设工程领导小组和领导小组办公室，负责全国工会系统职工素质建设工程的总体规划、统筹协调和工作实施，领导小组办公室日常工作由宣教部负责。各地工会应在党委的领导下，结合本地工作实际，建立相应领导机构，制定工作目标，并协调各方面的力量和资源，共同推动职工素质建设工程，努力形成党委领导、政府支持、工会牵头、社会参与的职工素质建设工程工作格局。

基层工会是工会组织密切联系群众、开展各项工作的基础。要以全国职工素质建设工程为中心，利用自身组织优势，通过强有力的领导组织机构，加强领导，层层发动，狠抓落实，采取各项行之有效的措施，大力推进规模企业职工参与该工程的覆盖工作，引导和带领广大职工群众，保障素质建设工程的各项工作能够圆满付诸实施，达到为企业谋福、使职工得利、让社会获得长久效益的最终目的。

二、明确责任分工、落实工作计划

明确责任分工，做好规划，层层落实工作计划，是保证职工素质建设工程有效实施的一项重要条件。

职工素质建设工程对于各项素质建设都有明确的任务目标和要求，涉及方方面面的工作。如果没有明确的组织规划，没有责任分工、统筹实施，就会对这项工程的顺利实施造成障碍，规划的指标就很难得到落实。明确分工和统筹实施，可使各部门在工作中明确职责、确立清晰的工作目标和方向，目标一致，形成合力，提升绩效，自觉地实现预期目标。分工明确恰当，还可使具有不同资源优势的人员发挥各自优势，提高资源共享率和利用率，进而提高工作效率。

因此，在职工素质建设工程中，各级工会组织需根据现有的资源情况，通过对该项工程进行整体性、长期性的思考，制定出符合实际发展要求的规划，并作出统筹安排，在工作规划到位、责任分工明确的基础上，不断加强对基层的指导和服务，积极整合资源，发挥优势，做好协调，将计划合理实施，层层落实，保证职工素质建设工程的顺利实施和各项工作的落实到位，最终实现规划目标。

问答题

1. 全面实施职工素质建设工程必须采取哪些保障措施？
2. 职工素质建设工程有效实施的重要条件是什么？

第二节
建立经费保障机制，铸造“坚强后盾”

充足的经费保障，能够促进职工素质工程建设有效推进和落实。

《规划》明确指出：建立政府财政支持、工会经费补贴、企业及社会各方分担的职工素质建设工程经费支持和资金保障机制。积极争取政府及相关部门的职工教育培训补贴政策，多方筹集职工教育培训资金。督促和监督企业落实工资总额的 1.5% ~2.5% 用于职工教育培训经费，并确保职工教育培训经费总额的 60% 以上用于一线职工的教育培训，将此项经费落实情况作为厂务公开和集体合同的重要内容。

一、多管齐下，完善经费支持和保障机制

工会组织的资金，是工会开展各项工作的宝贵财富，也是工会联系职工、服务职工、凝聚职工必不可少的物质基础。多年来，国家财政和各级地方政府对工会工作给予了大力支持，使工会组织能够较好地围绕中心，服务大局，为职工办实事、办好事。

当前，应当积极建立政府财政支持、工会经费补贴、企业及社会各方分担的职工素质建设工程经费支持和资金保障机制。

对于工会组织而言，拥有充足的资金保障可以使工会组织在为职工谋福利的时候免除后顾之忧。职工素质建设工程是工会组织一项长期性的战略任务，需要长期的资金投入和物质保证。因此，只有确实建立合理而有效的资金保障体系和制度，职工素质建设工程才能够有更好的发挥空间。行政拨款和政府补助作为工会经费的重要来源之一，具有举足轻重的作用。因此，在职工素质建设工程中，工会组织应通过加大宣传沟通工作，在有关教育培训项目上，积极主动地争取各级政府的政策和资金扶持。可以整合优势资源，实现部门联动，不断搭建工会组织融资的平台，进一步优化工会的金融生态环境。

同时，工会可加大资金投入，为素质工程的顺利实施保驾护航，促进职工素质建设工作长期稳定地开展。

二、依法督促企业提取和使用职工教育培训经费

为实施科教兴国战略和人才强国战略，落实《国务院关于大力发展职业教育的决定》和中共中央办公厅、国务院办公厅《印发〈关于进一步加强高技能人才工作的意见〉的通知》，为培养和造就一支高素质的职工队伍、实现全面建设小康社会宏伟目标提供人才保证，财政部、中华全国总工会、国家发改委等11个部门于2006年6月19日联合印发了《〈关于企业职工教育经费提取与使用管理的意见〉的通知》(以下简称《通知》)。《通知》要求："一般企业按照职工工资总额的1.5%足额提取教育培训经费，从业人员技术要求高、培训任务重、经济效益较好的企业，可按2.5%提取，列入成本开支。"企业的职工教育培训经费必须专款专用，面向全体职工开展教育培训，职工教育培训经费的60%以上应用于企业一线职工的教育和培训。

企业职工教育培训是开发人力资源、提高企业自主创新能力和竞争力的基础工作，是提高职工职业技能和岗位能力，适应经济发展、技术进步不可或缺的重要环节。对企业专业技术人员进行继续教育培训，是企业职工教育培训的重要内容，对于提高企业专业技术人员整体素质和创新能力，提高企业的科研技术水平、自主创新能力和核心竞争力，发挥着关键作用。

各级工会应充分认识加强职工教育培训的重要性，承担起本企业职工教育培训的组织、实施和管理工作，按照法律法规和有关文件规定，将足额提取和使用职工教育培训经费纳入集体合同，通过职代会、厂务公开等形式，接受职工群众的监督。此举既可保证职工教育经费不低于60%用于一线职工的教育培训，提高职工自身素质，又可以将此投入转化成企业的新一轮生产力，为企业的生产经营和发展提供有力的保障。

总之，资金保障是实施职工素质建设工程众多保障措施的重要一环。充足的资金保障，可以为工会组织提供更好为职工服务的经济基础。如何合理而有效地完善工会组织的资金保障工作，建立职工素质建设的资金保障体系，是每个基层工会都要认真考虑的问题。要积极争取各级政府对职工教育培训的政策和资金支持，依法足额提取和使用职工教育培训经费，鼓励企业加大资金投入。通过以上方式，确保职工素质建设资金保障措施的建立和完善，并将资金重点用于职工文化教育、技能培训和平台建设等工作上，推动素质建设工程深入持久发展。

问答题

1. 经费保障机制的具体构成有哪些？

2. 对提取和使用企业职工教育培训经费做了具体规定的法律文件是什么？

3. 工会提取企业职工教育培训经费的比例是多少？

4. 各级工会组织在使用企业职工教育培训经费时，应用于企业一线职工的比例是多少？

第三节
加强职工教育培训阵地建设，建设“优势平台”

良好的职工教育培训阵地是有效实施职工素质建设工程的重要载体。《规划》明确指出：各级工会要高度重视工会系统职工教育培训阵地建设，加大对职工学校的投入，支持其改善办学条件，增强师资力量。

加强职工文化阵地建设，推进建设功能完善、服务体系健全的工人文化宫（俱乐部）或职工文化活动场所。加强职工实训基地软硬件建设，并通过信息公示制度、星级评定制度、年检评估制度等进一步规范管理。发展在线教育，完善职工教育培训网络体系，搭建智能化、移动化、线上线下相结合的职工在线学习平台。

一、办好工会各类院校

在职工素质建设过程中，工会应在现有基础上整合各类教育培训资源，办好工会各类职工院校、企业职工学校、农民工学校、女职工培训示范学校，建立一批工会教育培训示范基地和职工技能实训基地。依据新时代职工群众的发展特点，按照社会对人才的具体需求，以增强职工的岗位实践能力、创新能力和就业能力为根本目标，以职业能力培养为主要目的，在思想素质、技能素质、文化素质、职业素质等方面综合考虑，积极整合内部教育培训资源，协调各类社会教育资源，打造形式多样、覆盖面广的职工素质教育平台，为开展各类职工素质培训，创造良好的物质基础。

从 2010 年开始，全总开始实施职工教育培训示范点建设，主要以一线职工、特别是新生代农民工为主要服务对象。建设措施主要包括在现有的基础上扶持一批教育培训阵地，即在各地推荐的基础上，全总每年命名 800 个职工教育培训示范点，并重点扶持 100 个基础较好的职工教育培训优秀示范点；带动一批基层教育培训基地建设，即在尚无职工教育培训阵地但有培训需求且具备教育培训条件的基层企事业单位，以全总、本地工会和企业共建的形式，全总命名挂牌一批职工教育培训示范点，鼓励各级工会和基层企事业单位，积极争取必要的场地设施，投入资金、招聘师资、配置教学与实训场所等，就地就近为职工参与学习培训提供方便条件和场所；整合一批教育培训资源，即充分调动政府、企业、学校、社会和职工等方面的积极性和主动性，广泛动员社会力量参与职工教育培训示范点建设，积极探索校企联办、优势互补、因需施教、定向培训等方式。这一项目的实施为加强职工教育培训阵地的建设起到了良好的推动作用。

各地工会工作实践表明，办好工会各类院校，建立职工素质教育培训基地，是工会发挥“大学校”作用，把职工纳入具有工会特色的培训体系，并通过培训使职工素质得到全面提升的重要平台和阵地。

二、搭建职工文化服务平台

职工文化服务平台是职工素质建设的重要载体。在实际工作中，工人文化宫、俱乐部、体育场、职工书屋等，都是职工文化服务平台的具体体现。各级工会在搭建自身职工文化服务平台的过程中，可以紧密围绕职工群众的需求，积极开展宣传、教育工作，努力挖掘工会系统文化体育资源的潜力，建成一批有特色、受欢迎的职工文化体育活动，不断打造职工素质建设工程的活动品牌。

工人文化宫作为工会所属的公益性文化事业单位，是工会文化事业的重要组成部分。工会可以依托文化宫开展丰富多彩的文体活动，活跃职工文化生活，提升职工文化素养，搭建起职工文化服务平台，推进职工文化建设。

在职工素质建设中，建设一批丰富多彩、昂扬向上、形式多样的文化特色活动，如宣传版面、美术书画作品展、乐器、舞蹈、歌咏比赛、配乐诗朗诵、戏曲、曲艺、小品等，吸引职工积极参与，不断满足职工日益增长的多层次、多样化、多方面的精神文化生活需求，能够为培育企业核心价值观、科学的经营理念、和谐企业文化发挥重要作用，在提高职工素质的同时，也为职工社会文明建设提供了一条不可或缺的途径。

三、积极发展完善的在线教育体系

在线教育，即 e－Learning，或称远程教育、在线学习，现行概念中一般指的是一种基于网络的学习行为，与网络培训概念相似。当前，积极利用网络优势，发挥在线学习开放性、灵活性的优势，使网络学习与组织培训、集中培训等其他学习培训方式相互衔接、互为补充，努力使教育培训工作紧跟时代前进的步伐，能够更好地服务于企业职工的学习需求。

在线教育可以通过音频、视频（直播或录像）以及包括实时和非实时在内的计算机技术，把课程传送到校园外，是一种跨学校、跨地区的教育体制和教学模式。

在线教育是随着现代信息技术的发展而产生的、多种媒体优化组合的新型教育方式。信息的传输方式多种多样，学习的场所和形式灵活多变。突破时空的限制，提供更多的学习机会，扩大教学规模，提高教学质量，降低教学的成本，是远程教育的特点和优势。利用远程教育优势服务于素质工程，进行职工教育培训，具有广阔前景。通过互联网络电视等多媒体通信技术构造的学习环境，使身处异地的教师和职工进行职业教育和培训活动的时时有效沟通，这是近年来企业对职工进行技术技能培训采取的创新方式之一，也是职工接受学历教育、自学成才采取的新途径。

在线教育为职工提供了更加方便灵活的学习形式，满足了不同学习需求中的个性化要求。虚拟教室、虚拟书屋等都成功运用了远程教育手段。运用在线教育，建设以卫星、电视和互联网等远程开放继续教育服务平台，为职工提供方便、灵活、个性化的学习条件，这是职工素质工程建设五年规划中提出的创新工作方式的具体要求。工会组织应将其作为专题进行认真研究和规划，积极学习交流各地先进经验，在实践中探索出一条具有工会特色的职工网络教育培训新路子。

四、加强教材开发和师资队伍建设

组织编写出版适合职工素质提升需要、体现工会特色的职工教育培训教材和职工读物，是创新工会教育培训工作新方法、新思路的重要内容之一。要落实职工素质建设工程五年规划的具体目标，培训数以亿计的、包括农民工在内的广大职工，就要编辑出版一批真正适合职工和企业需求、适合社会发展需要、适合工会工作特点的职工教育培训教材，开发一系列与教材和学习培训要求相适应的学习产品，这是落实好规划中各项目标任务的必不可少的条件。出版社和各地工会组织，应将此作为一项创新工会工作的重要内容，探讨教材出版如何与企业需要和职工职业发展相结合，编写出适应新形势需要的教材。通过教材推广学习，不断提升职工素质水平和岗位适应能力。通过与工会实际工作相结合的教材研发编写，还可以提高工会组织的理论创新水平。

具备良好的师资队伍是实施职工素质建设工程的重要一环，是提高职工素质建设培训质量的关键所在。工会应积极主动建立起适应多层次需求的师资骨干队伍，通过对职工进行素质建设知识的传授，教授职工各种提高职业素质的方法，解决职工素质建设过程中所遇到的问题。

通过工会组织，建立一个专业的或由志愿者加入的讲师队伍和师资培训队伍，可形成多种层次的职工素质教育师资骨干队伍，以达到整合工会资源，提高广大职工素质的目的。对于工会组织而言，可以设立一个相应的组织机构，以提高职工素质为目标任务，在社会上和相关领域内招聘讲师志愿者，开展职工素质建设工程的培训工作。

总之，创新工作方式已成为时代的潮流、发展的关键，也是工会和企业职工的强烈要求。创新不是空穴来风，更不是主观臆断，一定要坚持科学方法论，加强调查研究，根植于实践，在实践、认识、再实践、再认识的过程中提升自己的工作能力。要勇于探索创新，敢于排除思想阻力、观念障碍，不固守老框框，不照搬书本，实行典型引路，注重政策机制，使工会工作充满生机和活力，把以素质工程为重点的各项工作落到实处。

问答题

1. 工会的教育培训资源有哪些？
2. 各级工会在职工素质教育过程中，主要依托哪些职工文化服务平台？
3. 什么是在线教育？

第四节
完善考核激励机制，提供“后驱动力”

建立并完善相关的考核激励机制，是确保职工素质建设工程增效提速的关键要素。

《规划》明确指出：建立健全符合职工素质建设工程工作特点的考核奖惩机制，把职工素质建设工程纳入同级工会年度工作计划，同部署、同推进、同落实、同考核。各省级职工素质建设工程领导小组要适时对规划的实施情况进行检查评估，上报全国职工素质建设工程领导小组。

各省级工会要根据本规划要求，结合实际制定具体实施意见。全国职工素质建设工程领导小组办公室加强对本规划实施情况的督促检查，确保规划各项任务扎实推进，取得实效。

一、完善管理、考核一体化模式

推进素质建设工程，应建立完善的管理机制，实施全过程管理。加强对职工素质建设工程的全过程管理，逐步形成绩效考核一体化的管理模式，逐级量化工作目标，明确工作内容、规范职责分工，并纳入各级工会领导干部管理考核范围。

所谓全过程管理，是指工会组织在确定了工作的总体目标、明确责任任务的基础上，以工作目标为导向，以工作责任制为基础，在企业和职工中建立一套科学、系统的监督检查评比制度，进行正向激励，肯定成绩，改进不足，不断创新工作机制。

应该明确的是，推进职工素质建设工程，必须坚持责任制，层层压力传导，并制定、完善相关制度，让素质提升工作长效化、常态化。在实践层面，“责任制”既要贯穿制度本身，又着重体现在总结评审环节。它是一种以原定或修正的计划为考评依据，通过对个人或部门工作事项的评估、考核，实施问责制的行政行为。优胜劣汰、奖优罚懒、弘扬先进、审批落后等内容，是实施责任制的目的所在。

对于工会组织而言，制定合理的、有效的、可行的考核表彰机制，对职工素质建设工程进行量化考评和表彰工作，并将之纳入组织的管理考核范围内，形成总体规划、实施内容、工作要求、实效考评等全过程、一体化的整套管理模式，可以激励各级工会组织充分发挥自身优势，创造性地开展工作，带领广大职工群众以更热情、更有效、更积极的态度将职工素质建设工作做好做实。

二、有效管理、系统考核、激励表彰

为加强各类人才的培养、储备与管理，能够全面准确地掌握职工队伍技术技能基本状况，从而对职工技能情况进行动态管理和量化评定，各级工会应建立职工素质档案和企业优秀人才信息库。

建立班组职工技术技能素质档案和信息库是一项基础性、综合性的管理工作，是开展职工技术技能建设、提升职工素质的关键环节之一。建立职工技术技能素质档案，可以一目了然地看到哪些职工具备了哪些技能，哪些职工还需要提升哪些技能，有助于企业全面系统地把握职工的技术水平和发展潜质，从而使职工技术技能素质建设有重点、有计划、有步骤地进行。通过素质档案和信息库的建立，可为职工的评聘、奖励、晋级提供翔实的依据，增加评比工作的透明度和公平性。在细化各项指标过程中，对职工进行动态管理和量化评定，有助于班组管理，调动职工岗位创新和精通一门、会三门、多学一手的积极性，为企业发展培养和积蓄人才提供充足的依据，同时也能使技术技能建设的成果落到实处，对于全面准确地掌握职工队伍技术技能基本状况有着重要的作用和意义。

职工技术技能素质档案中，可以包括职工的姓名、学历、政治面貌等基本信息，记录各项奖励情况、培训学习信息、技术专长、评比考核成绩等内容。充分发挥职工技术技能素质档案和信息库在人才评估中的重要作用，努力构建以国家考核认证的社会评价体系为主，以职工自我评价、建立职工素质档案和信息库为辅，主辅结合的评价和用人机制。

素质档案的主要内容是考核职工思想素质、技术素质、劳动纪律、工作业绩、安全卫生健康等情况。

职工素质档案的方法有很多。可以每月以班组为单位进行考核，也可以以学习团队、工作小队为单位。在以班组为单位进行考核时，可实行班组长负责制，由班组长负责职工素质档案的记录及填写，并建立日考核记录。很多企业的实践证明，这是一种提升职工素质的好方法。

三、重视典型示范作用，及时宣传推广

在素质工程建设工作中，要注重及时总结推广各基层工会和企业的先进经验，这对推动素质工程健康深入开展具有重要指导意义。表彰、宣传也是激励举措的重要一环。

素质工程在各地具有广泛的社会基础和实践基础。近年来，在各级工会组织的主导下，以提升素质为核心的职工教育活动在全国各地广泛开展，涌现出很多具有推广价值的先进典型，并受到了政府、企业和职工的多方关注和广泛支持。对此，各级工会应及时认真总结交流职工素质建设工程中的新经验、新成果，充分发挥先进典型的示范效应，以现场交流会、座谈会等方式观摩学习，抓好薄弱环节，创新工作亮点，立足基层，夯实基础，发现解决存在问题，切实为推动全国职工素质建设工程、实现经济社会又快又好发展提供强大动力和有力支撑。

一个先进典型就是一面旗帜，千万面旗帜汇聚起来就会成为社会主流。但需要注意的是，培育和选拔树立典型，需要把握以下四点原则。

（1）宣传先进典型要理直气壮、旗帜鲜明。目前社会上有一种错误的观点，认为提倡公而忘私、爱岗敬业、无私奉献等精神是唱高调，因而对现实生活中涌现出的先进典型，不是支持而是贬低，不是爱护而是嘲讽，以致不少先进典型的处境比较窘迫甚至孤立。在这样的氛围下，必须理正气壮地树立典型，坚决抵制歪风邪气。

（2）宣传先进典型要实事求是。真实可信，是构成先进典型的魅力所在。过去在树立和宣传先进典型中有教训可以吸取，有些具体工作人员过于热衷于迎合风头，在宣传典型时不顾事情的本来面目，添

枝加叶、任意拔高，搞形式主义。这不但不能达到好的效果，而且还会造成广大干部职工的逆反心理，甚至给先进典型带来麻烦。成功的做法是，要把主观愿望和客观实际、把热烈的感情同严谨的宣传科学地结合起来。

（3）宣传的先进典型要有鲜明的时代特征，要充分反映社会发展的价值取向。各个时期先进典型就其精神实质来说都是一致的，他们之所以能够在群众中具有广泛的影响，还在于其表率示范作用与不同时期党和政府的历史任务相一致。

（4）宣传的先进典型要有群众性，把典型的先进性同广大干部职工在各个岗位的工作实践结合起来。先进典型来自群众，他们也是群众中的一员。我们要注意发现和培树各行各业的先进典型，提倡在平凡的工作中、在平凡的岗位上学习先进典型，这样才符合每个人的实际情况，才能使先进典型更好地发挥作用。

问答题

1. 什么是职工素质建设工程考核奖惩机制的“四同”？
2. 为什么要建立班组职工技术技能素质档案和信息库？
3. 职工技术技能素质档案中应记录哪些基本内容？

附录一

全国职工素质建设工程五年规划（2015—2019 年）

根据中共中央办公厅《关于培育和践行社会主义核心价值观的意见》《国家中长期人才发展规划纲要（2010—2020 年）》和《国务院关于加快发展现代职业教育的决定》，结合《全国职工素质建设工程五年规划（2009—2014 年）》实施情况，制定《全国职工素质建设工程五年规划（2015—2019 年）》。

一、指导思想

以邓小平理论、“三个代表”重要思想、科学发展观为指导，深入贯彻习近平总书记系列重要讲话精神，紧紧围绕全面建成小康社会、全面深化改革、全面依法治国、全面从严治党战略布局，充分发挥工会“大学校”作用，以培育和践行社会主义核心价值观为主线，以培养职工职业精神和提高职工技术技能素质为重点，深入实施全国职工素质建设工程，加快培养高素质劳动者，为实现“两个一百年”奋斗目标、实现中华民族伟大复兴的中国梦提供坚实的人才保障。

二、目标任务

到 2019 年，建立起资源集成、形式多样、贴近职工、务实有效的职工素质建设工程模式，培育形成一批职工素质建设工程品牌项目，建设起覆盖全体职工的内容丰富、高效便捷的信息化职工学习培训服务平台。通过实施职工素质建设工程，职工队伍团结奋斗的共同思想基础更加巩固，职业精神更加牢固，职业技能显著提升，文明素养明显进步。

——*加强职工队伍思想道德素质建设，培育和践行社会主义核心价值观。*不断深化“中国梦·劳动美”教育实践活动，引导广大职工增强道路自信、理论自信、制度自信和价值观自信，强化敬业奉献精神，激发劳动创造力量。教育实践活动要覆盖全体职工。深入推进职业道德、社会公德、家庭美德和个人品德建设。全总每两年表彰一批职工职业道德建设标兵单位和标兵个人。

——*加强科学文化素质建设，加快职工队伍知识化进程。*通过各类科学文化知识的教育、传播与普及，引导职工树立科学理念，提升科学文化素养。各级工会每年帮助50万名职工提升学历水平。加强职工教育培训阵地建设，全总每年命名200个全国职工教育培训优秀示范点，给予重点扶持。全国职工素质建设工程领导小组每年命名一批职工读书活动先进单位和先进个人。全总每年继续在各地建1000个职工书屋示范点，带动各地工会每年新建10000个职工书屋，吸引职工积极参与各种读书活动。大力繁荣先进职工文化，着力培育一批职工文化业余骨干队伍，建设一批职工文化示范阵地，确定一批职工文化艺术创作培训基地，推出一批职工文化艺术活动品牌，打造一批职工文化艺术精品，树立一批职工文化建设工作先进典型。

——*加强职工队伍技术技能素质建设，培养技能型创新型人才。*不断扩大各类技术技能竞赛、岗位练兵、技能培训覆盖面，每年帮助100万名职工提升技术等级。全总每3年命名一批全国示范性劳模创新工作室，授予“全国示范性劳模创新工作室”称号。设立职工创新专项资金，用于支持劳模创新工作室开展技术创新攻关和职工技能素质提升活动。

——*加强职工队伍民主法治素质建设，引导广大职工尊法学法守法用法。*推进党的十八届四中全会精神和法治宣传教育下基层、进企业、入班组，各类普法宣传教育做到全覆盖。加强职代会、厂务公开、集体合同等民主管理和集体协商知识的普及与培训，增强职工民主参与、民主管理和民主监督意识，提高依法理性表达诉求的能力。

——*加强职工队伍健康安全卫生素质建设，促进实现职工安全生产和体面劳动。*大力倡导健康安全卫生理念，着力普及健康安全知识，坚持不懈地开展全员安全生产和职业病防治专业知识普及工作，推动职业教育院校和各类职业培训机构把安全生产纳入教育培训内容，各类群众性职业安全卫生教育和“安康杯”竞赛活动覆盖率达到85%以上。动员组织广大职工积极参加全民健身活动，进一步提升职工健康生活指数。

三、主要载体

（一）深入开展“中国梦·劳动美”教育实践活动。

以职工大讲堂、演讲比赛、主题报告会、座谈会等多种形式，在广大职工中开展形式多样、生动活泼的教育实践活动，引导职工把实现个人理想、岗位建功立业与实现中国梦紧密结合起来，以“劳动美”成就“中国梦”。

贯彻落实《中华全国总工会关于在广大职工中培育和践行社会主义核心价值观的实施意见》，将培育社会主义核心价值观融入到职工教育培训工作的全过程，渗透到职工日常工作、学习和生活各方面，成为职工文化建设的核心内容。深入挖掘各种重要节庆日、纪念日蕴藏的丰富教育资源，组织广大职工积极参与七一、十一等政治性节日，中国人民抗日战争全面爆发纪念日、抗日战争胜利纪念日、南京大屠杀死难者国家公祭日、烈士纪念日等重大历史事件、重要历史人物纪念日、重大节庆日的纪念活动。充分发挥中国志愿服务联合会职工委员会的作用，把广大职工开展各种形式的志愿服务活动常态化，培育形成一批职工志愿服务活动品牌，积极引导广大职工争做雷锋精神的传承者。

加强职业道德、社会公德、家庭美德、个人品德教育。组织道德论坛、道德讲堂、道德修身等活动，采用各种形式送教上门，在职工中进行以中华民族传统美德为核心的社会文明教育。把提升农民工文明素养和职业素养放在更加突出的位置，广泛开展培养新工人、新市民活动，对农民工进行市民意识、法律维权、职业素养、励志成才、城市生活常识、文明礼仪等方面内容的教育和培训。

（二）深入开展职工读书学习活动。

广泛深入开展“争当学习型职工读书活动”。不断丰富活动形式，及时总结和推广典型经验，选树先进个人，培育不同类型、各具特色的学习型团队和班组。通过举办读书会和报告会、推荐好书、征文、演讲、职工读书成果发布会、评选读书明星等形式，引导职工多读书、读好书，提升自身素质。

推广实施“农民工求学圆梦助推计划”。通过提供优惠政策、学费资助、实行学分累计等手段和灵活的形式，鼓励和帮助农民工提升学历层次，推广适应农民工工作特点和实际需求的“学分银行”“现代学徒制”等教育培训新模式，为农民工接受继续教育提供多样化途径。

加强和规范职工书屋建设。实施《全国工会职工书屋建设工程五年规划（2014—2018年）》，新建的职工书屋向基础设施较差的中西部地区、老少边穷及少数民族地区、新型城镇化进程中农民工集中流入的地区及行业倾斜。丰富拓展职工书屋的内容与形式、功能与作用，推进全国工会电子职工书屋平台建设。

（三）深入开展职工职业道德建设活动。

推动职工职业道德教育纳入到各类企业职工岗前培训和日常培训之中。注重发挥劳模的示范引领作用，广泛开展劳模大讲堂、劳模事迹报告会、劳模进校园等活动，弘扬劳模精神和劳动精神。在各行各业和广大职工中广泛开展“岗位学雷锋”。以诚信、敬业为主题，在工业企业和建筑企业中重点开展“用敬业做产品”主题活动，在商贸类企业中重点开展“守法诚信经营”主题活动。扎实开展职工职业道德建设标兵评选表彰等典型选树工作。

（四）深入开展劳动竞赛和技术技能培训活动。

围绕国家重大建设工程项目和国家区域发展重大战略的实施，深入开展重大工程劳动竞赛、促进区域发展示范性劳动竞赛和“振兴杯”劳动竞赛。围绕加快转变经济发展方式，不断深化竞赛内容，引导广大职工立足本职岗位节能减排，深化在电力、煤炭、钢铁等高耗能、高排放行业中开展重点行业节能减排达标竞赛活动。组织职工广泛参与合理化建议和小发明、小创造、小革新、小设计、小建议“五小”活动。继续推动非公企业劳动竞赛工作。深入开展以创建“工人先锋号”为载体的班组竞赛活动，把竞赛活动与企业生产经营相结合，与企业技术进步相结合，引导职工学习新知识、钻研新技术、使用新方法。

推动劳模创新工作室创建工作深入发展，增强劳模创新工作室的创新攻关能力、人才培养能力、集成创新能力，发挥劳模创新工作室的综合效应。全总出台《全国示范性劳模创新工作室管理办法》，对“全国示范性劳模创新工作室”实行动态管理。

进一步加强中国职工技术协会组织建设、队伍建设、能力建设、机制建设、信息化平台建设和职业技能实训基地建设。深入开展职工技术培训、技术攻关、技术协作、技术咨询、技术服务、科普教育和国际交流活动。扎实做好职工技术创新成果评比、推荐、展示、交流、推广和转化等工作。

充分发挥产业工会作用，广泛组织动员不同行业、不同领域、不同类型的企事业单位开展岗位练兵、技术比武等活动。

（五）深入开展民主法治宣传教育活动。

以“六五”普法验收和开展“七五”普法为抓手，以学习宣传贯彻党的十八届四中全会精神、弘扬社会主义法治精神为主线，以《宪法》《劳动法》《工会法》《劳动合同法》《妇女权益保障法》等法律法规宣传教育为重点，把在广大职工中开展法治宣传教育活动不断引向深入。把集中宣传与日常宣传有机结合起来、学法与用法有机结合起来、普遍性宣传与在农民工集中的地方和企业进行重点宣传有机结合起来，加强普法宣讲团、志愿者队伍建设，送法下基层、进企业，积极开展“法治宣传月”“法治宣传周”、法律知识大讲堂、法律知识竞赛等各种形式的法律宣传服务活动。推动地方工会开通普法网站和微博，开设职工法律咨询热线，建立职工法律援助中心。落实好《中华全国总工会法律人才队伍建设三年规划（2014—2016 年）》，大力培养工会系统法律人才。

加强职代会、厂务公开、集体合同等民主管理和集体协商知识的普及与培训，增强职工民主素养。组织职工参与厂务公开、职代会等民主管理和民主监督工作，依法履行民主权利。动员广大职工全过程参与集体协商工作，使集体协商内容真正反映职工的意愿。

（六）深入开展群众性安全生产和职业病防治教育活动。

广泛开展“安康杯”竞赛活动，推进企业安全文化建设。在各类企业广泛开展职工安全生产、职业病防治以及女职工“四期”保护教育，引导职工提高安全意识和职业健康意识，自觉遵守安全生产制度，严格执行作业标准。及时总结和推广企业安全生产经验典型，监督企业落实劳动保护条例。

（七）深入开展职工文化体育活动。

推动建立党政工齐抓共管的职工文化建设工作机制，搭建职工群众便于参与、乐于参与的活动平台。以举办“五一”特别节目、职工艺术节和职工摄影、诗词、美术书法、微电影等大赛以及职工运动会等活动为载体，经常性开展丰富多彩的职工文化体育活动。培育一批基层职工文化业余骨干队伍，建设一批以工人文化宫（俱乐部）、职工学校、企业职工文化活动中心为主体的职工文化建设示范阵地，确定一批基层职工文化艺术创作培训基地，推出一批以“中国梦·劳动美”为主题、体现社会主义核心价值观的职工文化艺术活动品牌，打造一批以职工生产生活为题材的文化艺术精品，树立一批常年活跃在基层一线、积极服务职工的职工文化建设工作先进典型。

增强职工的体能素质和心理素质。动员和组织职工积极参加各种形式的体育健身活动。加强对职工的人文关怀和心理疏导工作，引导和督促企业广泛开展心理咨询与培训，开通职工心理咨询热线，开展职工心理健康教育，帮助职工保持健康积极的心态。

四、保障措施

（一）切实加强组织领导。

推动建立在党委领导下，政府支持、工会牵头、社会参与的职工素质建设工程工作机制。加强与政府部门的沟通协作，推动职工素质建设工程有关政策的制定和落实，积极争取将相关工作纳入国家和地方人才发展规划以及国家高技能人才振兴计划，与有关部门共同部署、合力实施。

（二）建立经费保障机制。

建立政府财政支持、工会经费补贴、企业及社会各方分担的职工素质建设工程经费支持和资金保障机制。积极争取政府及相关部门的职工教育培训补贴政策，多方筹集职工教育培训资金。督促和监督企业落实工资总额的1.5% ~2.5%用于职工教育培训经费，并确保职工教育培训经费总额的60%以上用于一线职工的教育培训，将此项经费落实情况作为厂务公开和集体合同的重要内容。

（三）加强职工教育培训阵地建设。

各级工会要高度重视工会系统职工教育培训阵地建设，加大对职工学校的投入，支持其改善办学条件，增强师资力量。加强职工文化阵地建设，推进建设功能完善、服务体系健全的工人文化宫（俱乐部）或职工文化活动场所。加强职工实训基地软硬件建设，并通过信息公示制度、星级评定制度、年检评估制度等进一步规范管理。发展在线教育，完善职工教育培训网络体系，搭建智能化、移动化、线上线下相结合的职工在线学习平台。

（四）完善考核激励机制。

建立健全符合职工素质建设工程工作特点的考核奖惩机制，把职工素质建设工程纳入同级工会年度工作计划，同部署、同推进、同落实、同考核。各省级职工素质建设工程领导小组要适时对规划的实施情况进行检查评估，上报全国职工素质建设工程领导小组。

各省级工会要根据本规划要求，结合实际制定具体实施意见。全国职工素质建设工程领导小组办公室加强对本规划实施情况的督促检查，确保规划各项任务扎实推进，取得实效。

附录二

中华全国总工会关于在广大职工中培育和践行社会主义核心价值观的实施意见

（2014 年 11 月 3 日）

党的十八大以来，以习近平同志为总书记的党中央对培育和践行社会主义核心价值观高度重视，作出了一系列重要部署。为更好地贯彻落实中央决策部署，在广大职工中培育和践行社会主义核心价值观，切实肩负起工人阶级的历史使命和政治担当，现提出如下实施意见。

一、凝聚全会共识，充分认识在广大职工中培育和践行社会主义核心价值观的重要意义

一个民族、一个国家，最持久、最深层的力量是全社会共同认可的核心价值观。党的十八大提出“三个倡导”、二十四个字的社会主义核心价值观，同我国的历史文化相契合，同人民正在进行的奋斗相结合，同需要解决的时代问题相适应，回答了我们要建设什么样的国家、建设什么样的社会、培育什么样的公民的重大问题，是我们党凝聚全党全社会价值共识作出的重要论断。

培育和践行社会主义核心价值观，是推进中国特色社会主义伟大事业、实现中华民族伟大复兴的中国梦的一项重大战略任务，关系国家长治久安、社会和谐稳定、人民幸福安康。工人阶级是我国的领导阶级，是先进生产力和生产关系的代表，各级工会组织有责任有义务把社会主义核心价值观融入广大职工的政治立场、价值追求、职业操守、精神境界等各个方面，使广大职工普遍追求富强、民主、文明、和谐的国家发展目标，充分认同自由、平等、公正、法治的社会价值取向，自觉遵守爱国、敬业、诚信、友善的个人行为准则。

五千年厚重历史文化，是中华民族的“根”和“魂”，是区别于其他民族的独特标识。面对世界范围内思想观念碰撞激荡、价值观较量激烈的新态势，面对当代中国深刻变革中价值取向多元多样多变的新特点，面对经济关系、劳动关系和职工队伍深刻变化的新情况，引导广大职工继承和弘扬中华优秀传统文化，培育和践行社会主义核心价值观，树立高度的价值观自信，凝聚起推进全面深化改革、坚持和完善中国特色社会主义制度、推进国家治理体系和治理能力现代化的强大正能量，顺利实现“两个一百年”奋斗目标和中华民族伟大复兴的中国梦，具有重要现实意义和深远历史意义。

二、强化宣传教育，以社会主义核心价值观集聚广大职工为实现中国梦而奋斗的强大合力

引导职工继承弘扬优秀历史文化。要从中华优秀传统文化中汲取丰富营养，在对职工的宣传教育、素质培训中增加优秀传统文化的内容，打造推出一批面向职工、介绍中华优秀传统文化的通俗读物、文艺作品，通过展览展示、传统节日、民俗活动等多种形式途径，让广大职工礼敬传统文化、弘扬传统美德，带动全社会形成向上、向善的力量。要大力加强职工理想信念教育，深入挖掘各种重要节庆日、纪念日蕴藏的丰富教育资源，组织广大职工广泛参与七一、十一等政治性节日，中国人民抗日战争全面爆发纪念日、抗日战争胜利纪念日、南京大屠杀死难者国家公祭日等重大历史事件、重要历史人物、重大节庆日纪念活动，使广大职工更加珍视革命历史和革命文化，更加坚定爱党报国的信念。

强化职工敬业奉献精神。把劳动理念宣传作为工会新闻宣传工作的重点，大力宣传爱岗敬业和在岗位练兵、劳动竞赛、创新比武等活动中涌现出的先进典型事迹。充分利用“五一”等重要时间节点，掀起宣传高潮，全面展现工人阶级在经济发展和社会进步中保持自我更新的能力和奋发有为的风采，营造劳动最光荣、劳动最崇高、劳动最伟大、劳动最美丽的社会氛围。通过评优创先、建功立业等多种形式，大力弘扬工人阶级高尚的职业操守，夯实广大职工忠于职守，在责任面前敢于担当，在利益关头顾全大局，在危难时刻挺身而出的中国工人阶级先进性。推动工业企业和建筑企业开展“用敬业做产品”主题活动，强化职工的岗位意识和责任意识，营

造“岗位神圣、劳动光荣、创造伟大”的浓厚氛围，引导广大职工在平凡岗位上争创一流业绩、书写闪光人生。

建设育人化人的先进职工文化。要搭建职工群众便于参与、乐于展示的活动平台，以“五一”特别节目、职工艺术节、职工摄影、诗词、美术书法、微电影大赛和文艺工作者深入职工创作实践活动等为载体，以职工生产生活为原料，以职工本身为主角，将社会主义核心价值观艺术地融入广大职工喜闻乐见的文化活动。要充分利用各种社会资源，推动实现“六个一批”的职工文化建设目标，即在广大职工中培育一批职工文化业余骨干队伍，建设一批职工文化示范阵地，确定一批职工文化艺术创作培训基地，推出一批职工文化艺术品牌，打造一批文化艺术精品，树立一批先进典型。

用好用活工作载体。发挥新闻媒体的主渠道作用，把社会主义核心价值观贯穿到日常形势宣传、成就宣传、主题宣传、典型宣传、热点引导和舆论监督中。发挥工人日报、工人出版社、中工网等工会宣传阵地作用，大力推动传统媒体和新兴媒体融合发展，形成宣传合力，通过开设专版、专栏、专题、推出出版物等方式，使社会主义核心价值观的宣传天天见、不断线。发挥工会信息员队伍作用，支持各级工会开通官方微博、官方微信，用微感言、微故事、微视频、随手拍、拍摄公益广告等方式，建设社会主义核心价值观的网上传播阵地。充分运用企业内部报刊、闭路电视、网站和宣传栏、橱窗、活动室等载体，推动职工书屋、工人文化宫（俱乐部）、职工学校等工会宣传教育阵地转型升级，加强中国工人运动旧址、纪念馆、博物馆建设，使社会主义核心价值观宣传深入基层、贴近职工。

三、突出实践养成，推动社会主义核心价值观广泛融入职工的生产生活

深入开展“中国梦·劳动美”主题宣传活动。为实现中华民族伟大复兴的中国梦，各级工会开展的“中国梦·劳动美”主题宣传活动，取得了积极成效。实践证明，这一活动起到了团结人心、凝聚共识的重要作用，成为引导广大职工为中国梦奋斗的鲜明旗帜。各级工会要坚持主题不变，一以贯之地开展“中国梦·劳动美”主题宣传活动，围绕建设什么样的国家、建设什么样的社会、培养什么样的公民，

把社会主义核心价值观主题教育贯穿结合融入活动之中，进一步深化和拓展主题宣传活动，坚定广大职工高度的价值观自信、正确的价值立场、价值追求，不断巩固团结奋斗的共同思想基础。

大力弘扬劳模精神。要聚焦一线，积极培育和选树一批符合时代特征、在实际工作中贡献突出、广大职工群众支持拥护的楷模，使更多的像“蓝领专家”孔祥瑞、“金牌工人”窦铁成、“新时期铁人”王启民、“新时代雷锋”徐虎、“金牌工人”李斌、“知识工人”邓建军、“金牌工人”许振超、“雷锋传人”郭明义这样的劳动模范不断涌现出来。要多角度、全方位地宣传劳动模范，增强劳动模范在广大职工特别是青年职工中的吸引力和感召力。要建立健全劳动模范发挥作用的长效机制，在企业中普遍推行“劳模创新工作室”，广泛开展人才培养和技术攻关工作，做到点亮一盏灯、照亮一大片。

推进法治建设道德建设。认真学习宣传贯彻党的十八届四中全会精神，深入宣传阐释依法治国基本方略，大力弘扬社会主义法治精神，建设社会主义法治文化，加大法律知识普及力度，推动法治宣传教育下基层、进企业、进班组。推动商贸类企业开展“守法经营”主题活动，加强对职工的法治宣传教育，增强尊法、信法、守法、用法、护法意识，推动营造公平竞争的市场环境。继续开展全国职工职业道德建设评选表彰活动，推动全国职工职业道德建设工作深入扎实开展。深化公民道德宣传日活动，组织道德论坛、道德讲堂、道德修身等活动。把开展道德实践活动与培育廉洁价值理念相结合，营造崇尚廉洁、鄙弃贪腐的良好社会风尚。

开展学雷锋志愿服务活动。要大力弘扬“奉献、友爱、互助、进步”的志愿精神，广泛开展岗位学雷锋活动，引导广大职工以郭明义爱心团队为榜样，积极向上向善，让广大职工为全社会学雷锋、树新风作出榜样，为实现中国梦有一分热发一分光。要充分发挥“中国志愿服务联合会职工委员会”的作用，组织广大职工以相互关爱、服务社会为主题，围绕扶贫济困、应急救援、大型活动、环境保护等方面，针对空巢老人、留守妇女儿童、困难职工、残疾人等群体，积极开展各种形式的志愿服务活动，用微笑和服务展现“职工志愿者”的风采。

深化群众性精神文明创建工作。深入贯彻落实《公民道德建设纲要》，积极倡导知荣辱、讲正气、树新风、促和谐的文明风尚，广泛开展“建文明班组、创文明岗位、做文明职工”活动，宣传普及团结互助、扶贫济困、平等友爱、诚实守信的理念。广泛开展“争当学习型员工读书行动”，引导广大职工多读书、读好书、善读书，进一步提升自身素质。组织开展培养新工人、新市民活动，通过举办“周末课堂”、编写和发放通俗读本等方式，加大对农民工的城市生活常识、文明礼仪、市民意识、职业素养、职工权利、法律维权、励志成才等方面的培训力度，不断提升农民工的文明素养和职业素养，帮助农民工尽快成长为新工人、新市民。

四、加强组织领导，把培育和践行社会主义核心价值观落细落小落实

落实领导责任。各级工会领导班子要充分认识培育和践行社会主义核心价值观的重要性，切实负起政治责任和领导责任，把社会主义核心价值观的要求体现到工会工作各领域，引导广大职工对培育和践行社会主义核心价值观的思想自觉和行动自觉。坚持从实际出发，深入开展调查研究，提出符合本地实际的培育和践行社会主义核心价值观的工作思路和办法，一件一件地抓好落实。

突出示范引领。各级工会干部要在培育和践行社会主义核心价值观方面带好头，巩固和扩大党的群众路线教育实践活动成果，弘扬党的优良传统和作风，以身作则、率先垂范，以人格力量感召职工群众、引领社会风尚。对那些引领风气之先的先进典型、时代楷模，对那些感动中国的道德模范、最美人物，要给予礼敬、褒扬和支持；对那些错误的思想观点、诋毁主流价值的杂音噪音，对那些挑战价值底线、挑战社会良知的社会现象，要旗帜鲜明、敢于抵制，推动形成扶正祛邪、扬善惩恶的良好环境。

完善制度机制。要按照社会主义核心价值观的要求，进一步健全和规范工会工作有关规章制度、行为准则，注意总结提炼，把行之有效的举措及时上升为制度，使成功做法制度化、管用经验长效化。要制定长期推进的工作规划，建立统筹协调的工作机制，研究提出带动性强、务实管用的措施办法，以积土成山的精神推动社会主义核心价值观建设。要积极探索建立推进社会主义核心价值观工作的信息反馈系统，加强督促检查，推动培育和践行社会主义核心价值观工作深入开展。

问答题及参考答案

第一章

第一节

1. 当前，我国工人运动的时代主题是什么？

答：我国工人运动的时代主题是：为实现中华民族伟大复兴的中国梦而奋斗。

2. 什么是“四个全面”战略布局？

答：“四个全面”即全面建成小康社会、全面深化改革、全面依法治国、全面从严治党战略布局。

3. 到2020年，我国人才发展的总体目标是什么？

答：培养和造就规模宏大、结构优化、布局合理、素质优良的人才队伍，确立国家人才竞争比较优势，进入世界人才强国行列，为在21世纪中叶基本实现社会主义现代化奠定人才基础。

第二节

1. 为什么说实现“中国梦”离不开工人阶级？

答：习近平总书记强调：实现中华民族伟大复兴的中国梦而奋斗是我国工人运动的时代主题，实现中国梦根本上要靠包括工人阶级在内的全体人民的劳动、创造、奉献，必须坚持崇尚劳动、造福劳动者，大力弘扬劳模精神、劳动精神。

2. 什么是劳模精神？

答：劳模精神是：爱岗敬业、争创一流，艰苦奋斗、勇于创新，淡泊名利、甘于奉献。

第三节

1. 当前，全国职工素质建设工程的指导思想是什么？

答：全国职工素质建设工程的指导思想是：以邓小平理论、“三个代表”重要思想、科学发展观为指导，深入贯彻习近平总书记系列重要讲话精神，紧紧围绕全面建成小康社会、全面深化改革、全面依法治国、全面从严治党战略布局，充分发挥工会“大学校”作用，以培育和践行社会主义核心价值观为主线，以培养职工职业精神和提高职工技术技能素质为重点，深入实施全国职工素质建设工程，加快培养高素质劳动者，为实现“两个一百年”奋斗目标、实现中华民族伟大复兴的中国梦提供坚实的人才保障。

2. 全国职工素质建设工程的总体目标是什么？

答：到 2019 年，建立起资源集成、形式多样、贴近职工、务实有效的职工素质建设工程模式，培育形成一批职工素质建设工程品牌项目，建设起覆盖全体职工的内容丰富、高效便捷的信息化职工学习培训服务平台。通过实施职工素质建设工程，职工队伍团结奋斗的共同思想基础更加巩固，职业精神更加牢固，职业技能显著提升，文明素养明显进步。

3. 全国职工素质建设工程的主要任务是什么？

答：围绕加强职工思想道德、科学文化、技术技能、民主法治和健康安全卫生五个方面素质建设，通过全面实施全国职工素质建设工程，使职工队伍理想信念更加坚定，职业道德建设更加深入，科学知识更加普及，技术人才结构更加合理，职工教育培训机制更加完善，职工文化和企业文化更加繁荣。

第二章

第一节

1. 职工素质建设工程中，思想品德建设包括具体哪四个方面？

答：职业道德、社会公德、家庭美德和个人品德建设。

2. 社会主义核心价值观包括哪 24 个字？

答：党的十八大提出，倡导富强、民主、文明、和谐；自由、平等、公正、法治；爱国、敬业、诚信、友善，积极培育和践行社会主义核心价值观。

3. 什么是职业道德，主要包含哪几个方面？

答：职业道德是指从事一定职业的人，在职业活动的整个过程中必须遵循的与所从事的职业活动相适应的道德准则和行为规范。

职业道德素质建设包括爱岗敬业、诚实守信、办事公道、服务群众、奉献社会、竞业避止等内容。

4. 社会公德主要包含哪几个方面？

答：我国宪法规定：爱祖国、爱人民、爱劳动、爱科学、爱社会主义，是全体公民必须遵守的社会公德。中华人民共和国公民都要以“五爱”为准则。《公民道德建设实施纲要》用“文明礼貌、助人为乐、爱护公物、保护环境、遵纪守法”20 个字，对社会公德的主要内容和要求作了明确规范。

5. 应从哪些方面加强个人品德修养？

答：艰苦奋斗、勤俭节约、团结友善、诚以待人、公私分明五个方面。

6. 什么是家庭美德，家庭美德主要包含哪五个方面内容？

答：家庭美德是人们在家庭生活中应该遵循的行为准则，是指关于家庭的道德观念、道德规范和道德品质。它涵盖了夫妻、长幼、邻里之间的关系。家庭美德是调节家庭成员之间，即调节夫妻、父母同子女、兄弟姐妹、长辈与晚辈、邻里之间，调节家庭与国家、社会、集体之间的行为准则，也是评价人们在恋爱、婚姻、家庭、邻里之间交往中的行为是非、善恶的标准。

家庭美德主要包含尊老爱幼、男女平等、夫妻和睦、勤俭持家、邻里团结五个方面内容。

7. **就个人而言，如何培育工匠精神?**

答：工匠精神落在个人层面，就是一种认真精神、敬业精神。其核心是：不仅仅把工作当作赚钱养家糊口的工具，而是树立起对职业敬畏、对工作执着、对产品负责的态度，极度注重细节，不断追求完美和极致，给客户无可挑剔的体验。将一丝不苟、精益求精的工匠精神融入每一个环节，做出打动人心的一流产品。与工匠精神相对的，则是“差不多精神”——满足于90%，差不多就行了，而不追求100%。我国制造业存在大而不强、产品档次整体不高、自主创新能力较弱等现象，多少与工匠精神缺失、“差不多精神”显现有关。

第二节

1. **加强职工科学文化素质建设，大力繁荣先进职工文化，要打造哪“六个一批”?**

答：加强职工科学文化素质建设，大力繁荣先进职工文化，着力培育一批职工文化业余骨干队伍，建设一批职工文化示范阵地，确定一批职工文化艺术创作培训基地，推出一批职工文化艺术活动品牌，打造一批职工文化艺术精品，树立一批职工文化建设工作先进典型。

2. **科学文化素质建设主要包括哪些内容?**

答：科学文化素质建设包含以下方面：学习科学知识、树立科学思想、掌握科学方法、坚持科学精神。

3. **科学精神主要包括哪些方面的内容?**

答：科学精神包括执着的探索精神、创新改革精神、理性精神、求实求真精神、实证精神、严格精确的分析精神、协作精神、民主精神、开放精神、功利精神、可重复、可检验和实践精神等。

第三节

1. 职工技术技能素质包括哪两部分内容？

答：技术技能素质包括岗位专业技术能力和岗位综合胜任能力两部分。

2. 什么是专业技术技能人才？

答：专业技术技能人才是指具有一定的专业理论知识，在工作一线从事生产和研究活动的专业技术技能人才。专业技术技能人才是一个广泛的概念，不仅是指那些具有一定技术职称的技术人员，也包括非职称的能工巧匠。

3. 职工需要提高哪几个方面的综合能力素质？

答：（1）提高技术技能；（2）提高团队协作能力；（3）提高学习研究能力；（4）加强人际沟通能力；（5）提高自主创新能力；（6）提高工作执行能力。

4. 到 2020 年，我国专业技术人才总量将要达到多少万人，占从业人员的比例是多少？

答：到 2020 年，专业技术人才总量要达到 7500 万人，占从业人员的 10% 左右。

5. 培养高技能人才队伍可采取哪六个方面的举措？

答：（1）完善以企业为主体、职业院校为基础，学校教育与企业培养紧密联系、政府推动与社会支持相结合的高技能人才培养培训体系；

（2）加强职业培训，统筹职业教育发展，整合利用现有各类职业教育培训资源，依托大型骨干企业（集团）、重点职业院校和培训机构，建设一批示范性国家级高技能人才培养基地和公共实训基地；

（3）改革职业教育办学模式，大力推行校企合作、工学结合和顶岗实习；

（4）制定高技能人才与工程技术人才职业发展贯通办法；

（5）建立高技能人才绝技绝活代际传承机制；

（6）广泛开展各种形式的职业技能竞赛和岗位练兵活动等。

第四节

1. **我国社会主义民主法治的主要内容是什么?**

答: 如何健全民主和法律制度，丰富民主形式，拓宽民主渠道，依法实行民主选举、民主决策、民主管理、民主监督，保障人民的知情权、参与权、表达权、监督权，是我国社会主义民主法治的主要内容。

2. **职工学习法律知识的目的是什么?**

答: 职工只有学法懂法，才能明白什么行为是守法，什么行为是违法，明确自身的权利和义务，避免因不知法而犯法，懂得用法律武器保护自己的正当权益。

3. **法制社会的标志是什么?**

答: 标志是有法可依、有法必依、执法必严、违法必究。

4. **我国社会主义制度的根本要求是什么?**

答: 保障工人阶级和广大劳动群众经济、政治、文化、社会权益是我国社会主义制度的根本要求。

5. **为什么说了解平等协商和签订集体合同是职工民主法治素质建设的重要内容?**

答: 通过民主法治素质建设，可以使广大职工知晓平等协商和签订集体合同的相关内容，懂得集体协商的意义、作用，学会参与集体协商，维护自身权益。

第五节

1. **职工健康安全卫生素质建设包含哪几个内容?**

答: 健康安全卫生素质建设包含身体健康、心理健康、安全管理、职业病防治等内容。

2. **什么是职工最根本、最基本的权益保障?**

答: 健康安全卫生是职工最根本、最基本的权益保障。

3. **心理健康的标志是什么?**

答: 心理健康的标志一般表现为：(1) 具有充分的适应力；(2) 能充分地了解自己，并对自己的能力作出适度的评价；(3) 生活的目标切合实际；(4) 不脱离现实环境，热爱生活、热爱他人、热爱大自然；(5) 能保持人格的完整与和谐；(6) 善于从经验中学习；（7）能保持良好的人际关系；（8）能适度地发泄情绪和控制情绪，能承受欢乐与忧伤的考验；（9）在不违背集体利益的前提下，能有限度地发挥个性；（10）在不违背社会规范的前提下，能恰当地满足个人的基本需求，与社会保持同步。

4. 对职工进行职业健康教育，最重要的内容是什么？

答：对职工进行职业健康教育，最重要的是要增强职工职业病防治意识，让职工要多了解岗位性质，有哪些保护措施，如何及时做好防护工作，提早防范职业病，按照本行业作业规范执行，防患于未然，对自己负责，对家人负责。

第三章

第一节

1. 为什么说实现中国梦跟每一个职工息息相关？

答：实现中华民族伟大复兴的中国梦，根本上要靠包括工人阶级在内的全体人民的劳动、创造、奉献。要使中国梦真正同每个职工的个人理想和工作生活紧密结合起来，真正落实到实际行动之中。要把广大职工群众充分调动起来，满怀信心投身于为实现中国梦而奋斗的火热实践，形成万众一心、众志成城的磅礴力量。要在全社会大力弘扬中国工人阶级的优秀品质，大力宣传劳动模范和其他典型的先进事迹，加强对广大青少年的教育，让劳动最光荣、劳动最崇高、劳动最伟大、劳动最美丽的观念蔚然成风，让全体人民进一步焕发劳动热情、释放创造潜能，通过劳动创造更加美好的生活。

2. 在职工中培育和践行社会主义核心价值观的意义有哪些？

答：培育和践行社会主义核心价值观，是推进中国特色社会主义伟大事业、实现中华民族伟大复兴的中国梦的一项重大战略任务，关系国家长治久安、社会和谐稳定、人民幸福安康。工人阶级是我国的领导阶级，是先进生产力和生产关系的代表，各级工会组织有责任有义务把社会主义核心价值观融入广大职工的政治立场、价值追求、职业操守、精神境界等各个方面，使广大职工普遍追求富强、民主、文明、和谐的国家发展目标，充分认同自由、平等、公正、法治的社会价值取向，自觉遵守爱国、敬业、诚信、友善的个人行为准则。五千年厚重的历史文化，是中华民族的“根”和“魂”，是区别于其他民族的独特标识。

面对世界范围内思想观念碰撞激荡、价值观较量激烈的新态势，面对当代中国深刻变革中价值取向多元、多样、多变的新特点，面对经济关系、劳动关系和职工队伍深刻变化的新情况，引导广大职工继承和弘扬中华优秀传统文化，培育和践行社会主义核心价值观，树立高度的价值观自信，凝聚起推进全面深化改革、坚持和完善中国特色社会主义制度、推进国家治理体系和治理能力现代化的强大正能量，顺利实现“两个一百年”奋斗目标和中华民族伟大复兴的中国梦，具有重要现实意义和深远历史意义。

3. 推动社会主义核心价值观广泛融入职工的生产、生活，包括哪些内容?

答：包括三个方面：深入开展“中国梦·劳动美”主题实践活动；推进法治建设道德建设；开展学雷锋志愿服务活动等。

第二节

1. 深入开展职工读书学习活动，包括哪些内容?

答：具体包括三项内容：广泛深入开展“争当学习型职工读书活动”；推广实施“农民工求学圆梦助推计划”；加强和规范职工书屋建设。

2. 什么是学分银行?

答：“学分银行”是一种模拟或是借鉴银行的功能特点，使学生能够自由选择学习内容、学习时间、学习地点的一种管理模式。“学分银行”的主要内容为累积学分，它突破传统的专业限制和学习时段限制，将技能培训与学历教育结合起来。“学分银行”制度将学生完成学业的时间从固定学习制改变为弹性学习制。根据“学分银行”制度，学生只要学完一门课就计一定的学分，参加技能培训、考证也计学分，然后按全部应得学分累积；同时，允许学生不按常规的学期时间进行学习，而是像银行存款零存整取一样，学习时间可集中也可中断，即使隔了几年，曾有的学习经历仍可折合成学分，存于“学分银行”。

3. **什么是现代学徒制？**

答：“现代学徒制”是由企业和学校共同推进的一项育人模式，其教育对象既包括学生，也可以是企业员工。对他们而言，就学即就业，一部分时间在企业生产，一部分时间又在学校学习。因此，学生和员工都可以从企业领取相应的工资。但是，作为一种新模式，在推广中需要企业和学校专门制定相应的人事政策进行支持。

4. **“农民工求学圆梦助推计划”的具体举措有哪些？**

答：一是建立择优录取和企业推荐相结合的公开遴选机制；二是开发与岗位紧密对接的专业课程；三是推行校企合作培养模式和基于信息化的混合式教学模式；四是建立多元化的农民工继续教育质量保障体系；五是建设行动计划的信息服务平台。

第三节

1. **深入开展职工职业道德建设活动，在工业企业和建筑企业、在商贸类企业如何区别开展？**

答：以诚信、敬业为主题，在工业企业和建筑企业中重点开展“用敬业做产品”主题活动，在商贸类企业中重点开展“守法诚信经营”主题活动。扎实开展职工职业道德建设标兵评选表彰等典型选树工作。

2. **社会主义职业道德规范的主要内容是什么？**

答：爱岗敬业、诚实守信、办事公道、服务群众、奉献社会。

3. **如何推动建设“知识型、技术型、创新型”的劳动者大军？**

答：要深入实施科教兴国战略、人才强国战略、创新驱动发展战略，把提高职工队伍整体素质作为一项战略任务抓紧抓好，实施职工素质建设工程，推动建设宏大的知识型、技术型、创新型劳动者大军。

4. **“岗位学雷锋”要学习雷锋哪些精神？**

答：爱岗敬业精神、艰苦朴素精神、甘于奉献精神、大胆创新精神。

第四节

1. **为什么要围绕重大工程开展劳动竞赛?**

答: 国家“十三五”规划纲要明确指出：必须聚焦发展重点、明确有效抓手。通过实施一批重大工程和重大项目，抢占事关国家竞争力的战略制高点，提供更优质、更多样的公共产品和服务。要围绕增强国家综合实力，在科技前沿、信息强国、高端装备、战略性新兴产业发展等方面建设一批重大工程。要着眼提升基础支撑能力，在交通设施、新型城镇化、现代农业、能源开发、网络提速、生态环境治理等方面实施一批重大项目。

因此，各级工会组织要积极围绕国家重大建设工程项目和国家区域发展重大战略的实施，深入开展重大工程劳动竞赛、促进区域发展示范性劳动竞赛和“振兴杯”劳动竞赛，为国家改革发展助力。

2. **“工人先锋号”创建活动的具体内容是什么?**

答: “工人先锋号”创建活动是全国总工会在全国部署开展的一项重大活动。它是以创一流工作、一流服务、一流业绩、一流团队为内容，以发挥榜样作用、争创先进团队为途径的劳动竞赛活动。深入开展创建“工人先锋号”活动，有利于激发职工立足本职、钻研技术、创新管理、提高效益的工作热情和创造活力，充分发挥“工人先锋号”的示范、引领和激励作用，有利于扎实推进生产质量的进一步提高，团结动员广大职工进一步增强主人翁责任感，为企业发展作出更大贡献。

3. **“五小”活动指的是什么?**

答: “五小”活动是工会组织职工开展的以提出合理化建议、技术革新、技术协作为内容的小发明、小创造、小革新、小设计、小建议五项活动。

4. **当前，积极创建劳模创新工作室应当如何做?**

答: 一是要不断弘扬劳模精神；二是要积极培养职工的创新意识；三是要持续提升职工素质；四是切实促进科技成果转化。

5. 职业培训的层次是什么？由什么机构承担？

答：职业培训依据职业技能标准，培训的层次分为初级、中级、高级职业培训和其他适应性培训。培训工作主要由工会系统职工学校、技工学校、就业训练中心、社会力量办学等各级各类职业培训机构承担。

第五节

1. 当前，深入开展民主法治宣传教育活动的抓手、主线和重点是什么？

答：《规划》明确指出：以“六五”普法验收和开展“七五”普法为抓手，以学习宣传贯彻党的十八届四中全会精神、弘扬社会主义法治精神为主线，以《宪法》《劳动法》《工会法》《劳动合同法》《妇女权益保障法》等法律法规宣传教育为重点，把在广大职工中开展法治宣传教育活动不断引向深入。

2. 我国普法工作从哪一年开始？2016 年普法工作属于哪一普法阶段？

答：1986 年，党中央宣布全国普法开始，每五年为一个制定周期。2016 年是“七五”普法工作的启动年，也是“六五”普法工作的验收年。

3. 我国企业民主管理的主要形式有哪些？

答：（1）职工代表大会制度；（2）厂务公开制度；（3）职工董事、职工监事制度；（4）其他民主管理制度。

4. 职工代表大会制度的含义是什么？有哪些职权？

答：职工代表大会是企事业单位实行民主管理的基本形式，工会是职工代表大会的日常工作机构。

职工代表大会主要有五项职权：审议企业经营重大决策；审查同意或否决有关职工切身利益的重大事项；审议决定职工生活福利方面的重大问题；评议、监督企业领导人员；民主推荐或选举厂长（经理）等企业管理人员。

5. 什么是厂务公开制度？厂务公开的内容主要包括哪些方面？

答：厂务公开是企事业单位依照有关法律法规规定，将与本单位发展和广大职工切身利益密切相关的重要问题，通过职工代表大会、公开栏等形式向广大职工公开，组织职工参与企业决策、管理和监督的民主管理制度。

厂务公开的内容主要包括企业重大决策问题、企业生产经营管理方面的重要问题、涉及职工切身利益方面的问题、与领导班子建设和党风廉政建设密切相关的问题。

6. **董事会中的职工代表通过何种形式产生？**

答：董事会中的职工代表由公司职工通过职工代表大会、职工大会或者其他形式民主选举产生。

7. **实行平等协商和集体合同制度的核心内容是什么？**

答：工资集体协商是工会依法履行基本职责，协调劳动关系的重要手段，是实行平等协商和集体合同制度的核心内容，是工会集体协商工作的重点。

8. **工会推进工资集体协商工作的基本原则是什么？**

答：工会推进工资集体协商工作的基本原则是促进企业发展，维护职工权益，依法推进、因地制宜，平等协商、互利共赢，统筹兼顾、共享成果，主动作为、维护和谐稳定。第一，坚持公平与效率相统一；第二，坚持促进企业发展与维护职工权益相统一；第三，坚持企业自主分配与平等协商共决相统一；第四，坚持实施要约行动，重在工会主动要约；第五，坚持依法开展协商，有序解决分歧。

9. **工会推动企业建立工资集体协商制度的目标任务是什么？**

答：工会推动企业建立工资集体协商制度的目标任务是：建立和完善企业职工工资集体协商制度、职工工资正常增长机制和支付保障机制，理顺企业内部工资分配关系，扭转企业内部收入分配差距不合理扩大的趋势，调动企业和职工两方面的积极性，促进经济发展与社会和谐。

10. **工资集体协商的形式主要有哪些？**

答：工资集体协商的形式主要有企业工资集体协商、行业性工资集体协商和区域性工资集体协商。

11. **当前，各级工会开展普法工作的重点有哪些？**

答：一是根据各地实情，有针对性的研究制定“七五”普法目标和计划；二是不断创新举措，丰富和完善法治宣传教育内容和形式，持续增强普法工作吸引力；三是开展“互联网＋法治宣传”行动，把新媒体普法平台建设摆在更加突出位置；四是紧密结合工会各项业务工作开展普法宣传，加强分类指导；五是不断推进法治文化建设。

第六节

1. 职工健康安全卫生素质建设可以通过哪些主要途径?

答:（1）积极开展“安康杯”知识竞赛活动；（2）提高职工健康安全卫生意识，加强职业病防治；（3）注重职工心理健康，组织开展全民健身活动。

2. 提高职工健康安全卫生意识，加强职业病防治，可以从哪些方面入手?

答:（1）加大培训力度，搞好职工安全健康卫生教育，使职工不断接受新的知识，提高业务水平，以适应新的不断变化的工作和环境；（2）做好思想工作，不断提高职工的安全健康卫生意识和责任心，在职工中广泛开展批评与自我批评，做到相互监督，相互促进，将一切影响安全、健康、卫生的不良因素消灭在萌芽状态；（3）认真开展安全健康卫生活动，搞好职工安全健康卫生教育，使职工的安全健康卫生观念从“要我安全健康卫生”演变为“我要安全健康卫生”。

3. 企业全方位健全安全生产监管制度，要从哪些方面下功夫?

答: 做好企业安全生产工作必须从全局抓起，从源头抓起，摆上日程、纳入规划，进一步加大组织建设和制度建设力度。第一，要确立“安全、健康、文明”的核心理念；第二，要建立健全全员监督组织体系；第三，要完善各类人员的安全责任制，强化各级领导和员工的安全责任制教育；第四，建立员工群众测评制度，充分发挥员工的主人翁作用。

第七节

1. 如何理解开展职工文化体育活动的重要意义?

答: 文化体育活动作为精神文化生活的主要作用体现在促进员工对企业的感情、改善人文关系环境、增强企业凝聚力等方面：一是文化体育活动能够提高职工的健康素质；二是文化体育活动有利于提高职工队伍的素质和战斗力；三是文化体育活动能够促进企业的精神文明建设；四是文化体育活动能够起到稳定队伍、留住人才的作用。

2. **怎样理解企业文化和职工文化的内涵？**

答：企业文化是企业长期生产、经营、建设、发展过程中所形成的管理思想、管理方式、管理理论、群体意识以及与之相适应的思维方式和行为规范的总和，是企业领导层提倡、上下共同遵守的文化传统和不断革新的一套行为方式。职工文化是指企业在为满足职工精神文化生活需求，全面提高职工队伍的思想道德素质和科学文化素质、培养职工文明风尚而开展的各种文化活动中形成的文化。

3. **心理疏导的含义是什么？**

答：心理疏导是利用心理学的知识改变人们的心理认知、情绪、行为和意志，来达到消除症状，治疗心理疾病的一种方法。心理疏导的过程，其实质是不断消除内心不和谐因素，有效增加内心和谐，最大限度创造和谐心理的过程。"疏导"不仅建立在对对象的尊重上，而且要贴近对象的实际需求。

4. **工会在保证职工身心健康方面应做哪些方面的工作？**

答：工会作为职工利益的代表者和维护者，可以利用自身优势，对职工实施身心健康教育，帮助职工树立正确的世界观、人生观和价值观，培养良好的兴趣爱好，加强职工之家的建设，丰富职工的文化生活，加强人文关怀和心理疏导。在日常工作中，还要时刻关注职工动态，一旦发现职工有不良情绪或过激行为，要积极介入，在第一时间进行情绪疏导，帮助职工自我调节。

第四章

第一节

1. **全面实施职工素质建设工程必须采取哪些保障措施？**

答：全面实施职工素质建设工程，必须加强组织领导、建立经费保障机制、加强职工教育培训基地建设、完善考核激励机制，从而充分调动社会各种资源，不断巩固素质教育成果，确保职工素质建设工程的目标任务和各项工作落到实处。

2. **职工素质建设工程有效实施的重要条件是什么?**

答：明确责任分工，做好规划，层层落实工作计划，是保证职工素质建设工程有效实施的一项重要条件。

第二节

1. **经费保障机制的具体构成有哪些?**

答：建立政府财政支持、工会经费补贴、企业及社会各方分担的职工素质建设工程经费支持和资金保障机制。

2. **对提取和使用企业职工教育培训经费做了具体规定的法律文件是什么?**

答：财政部、中华全国总工会、国家发改委等 11 个部门于 2006 年 6 月 19 日联合印发的《〈关于企业职工教育经费提取与使用管理的意见〉的通知》。

3. **工会提取企业职工教育培训经费的比例是多少?**

答：一般企业按照职工工资总额的 1.5% 足额提取教育培训经费，从业人员技术要求高、培训任务重、经济效益较好的企业，可按 2.5% 提取。

4. **各级工会组织在使用企业职工教育培训经费时，应用于企业一线职工的比例是多少?**

答：60% 以上。

第三节

1. **工会的教育培训资源有哪些?**

答：工会各类职工院校、企业职工学校、农民工学校、女职工培训示范学校、工会教育培训示范基地和职工技能实训基地。

2. **各级工会在职工素质教育过程中，主要依托哪些职工文化服务平台?**

答：工人文化宫、俱乐部、体育场、职工书屋、在线教育平台等。

3. **什么是在线教育?**

答：在线教育，即 e - Learning，或称远程教育、在线学习，现行概念中一般指的是一种基于网络的学习行为，与网络培训概念相似。

第四节

1. **什么是职工素质建设工程考核奖惩机制的“四同”?**

答：建立健全符合职工素质建设工程工作特点的考核奖惩机制，把职工素质建设工程纳入同级工会年度工作计划，同部署、同推进、同落实、同考核。

2. **为什么要建立班组职工技术技能素质档案和信息库?**

答：建立职工技术技能素质档案，可以一目了然地看到哪些职工具备了哪些技能，哪些职工还需要提升哪些技能，有助于企业全面系统地把握职工的技术水平和发展潜质，从而使职工技术技能素质建设有重点、有计划、有步骤地进行。通过素质档案和信息库的建立，可为职工的评聘、奖励、晋级提供翔实的依据，增加评比工作的透明度和公平性。

3. **职工技术技能素质档案中应记录哪些基本内容?**

答：职工技术技能素质档案可以包括职工的姓名、学历、政治面貌等基本信息，记录各项奖励情况、培训学习信息、技术专长、评比考核成绩等内容。

后　记

《全国职工素质建设工程五年规划（2015—2019年）》（以下简称《规划》）（总工发〔2015〕10号）印发后，各级工会结合各地工作实际，围绕《规划》的目标任务分解指标，认真研究制定本地区、本系统和本单位实施职工素质建设工程的实施方案，有效推动了职工素质建设工程规范有序地深入开展。

为指导和推动各级工会认真学习贯彻党的十八大，十八届三中、四中、五中全会精神，以及习近平总书记的系列讲话，紧紧围绕全面建成小康社会、全面深化改革、全面依法治国、全面从严治党战略布局，从而统一思想、把握方向、明确目标，进一步加深对职工素质建设工程指导思想、目标任务、实践活动、保障措施等内容的理解和认识，中国工人出版社组织编写了《全国职工素质建设工程五年规划（2015—2019年）学习读本》一书，对制定和实施《规划》的时代背景、重大意义和具体内容作了详细的解读。

在本书的编写过程中，编者认真学习了党和国家的方针政策以及全总的相关文件，征求并吸收了全国职工素质建设工程领导小组各成员单位的意见和建议，参考了各方面有关职工素质建设方面的文献书籍和资料，并根据各章节内容设置了问题及参考答案，力求为各级工会全面实施职工素质建设工程提供理论依据和实践指导，为广大工会工作者、职工参加学习和培训提供参考和借鉴。

参加撰写和修改工作的同志有韩建平、王旭、刘子楗等。由于编写水平和时间所限，书中难免存在不足、疏漏之处。欢迎各级工会干部和职工群众批评指正，以便我们进一步改进工作。

编者
2016 年 5 月

图书在版编目（CIP）数据

《全国职工素质建设工程五年规划：2015—2019年》学习读本 /《〈全国职工素质建设工程五年规划：2015—2019年〉学习读本》编写组编著. —北京：中国工人出版社，2016.6

ISBN 978-7-5008-6496-7

Ⅰ. ①全…　Ⅱ. ①全…　Ⅲ. ①职工教育—素质教育—五年计划—中国—2015-2019
Ⅳ. ①G726

中国版本图书馆CIP数据核字（2016）第130877号

《全国职工素质建设工程五年规划：2015—2019年》学习读本

出 版 人	芮宗金
责任编辑	习艳群
责任校对	赵贵芬
责任印制	栾征宇
出版发行	中国工人出版社
地　　址	北京市东城区鼓楼外大街45号　邮编：100120
网　　址	http://www.wp-china.com
电　　话	（010）62350006（总编室）（010）62005039（出版物流部） （010）62382916（职工教育分社）
发行热线	（010）62005996　（010）82075964（传真）
经　　销	各地书店
印　　刷	北京睿特印刷厂
开　　本	710毫米×1000毫米　1/16
印　　张	10.5
字　　数	131千字
版　　次	2016年7月第1版　2016年7月第1次印刷
定　　价	24.00元

本书如有破损、缺页、装订错误，请与本社出版物流部联系更换